논문은 디자인이다!

와타나베 겐지 저　　서 귀 숙 역

기 문 당

Japanese title: Ronbun wa Dezain da!
Copyright ⓒ 2008 by Kenji Watanabe
Originak Japanese edition
published by SHOKOKUSHA Publishing Co., Ltd., Tokyo, Japan

실록

우수
논문상으로 가는 길

2005.12.15

■소속 세미나 결정

도카이(東海)대학 건축학과는 매년 12월, 다음년도 연구실에 소속되는 세미나 학생이 결정된다. 3학년생은 희망하는 연구실을 선택하고 교수가 어떤 연구나 설계를 하고 있는지 확인한다. 올해는 조사결과, 최대정원인 14명이 되었다. 명부를 보니 학생번호가 이미 졸업한 년도로 1년이 늦은 학생이 3명 있음을 알게 되었다. 게다가 성적은 200번대로 거의 꼴찌에 가까운 학생들이다. 그 중에 S군이 있다.

2006. 4. 18

■세미나 시작

세미나는 시작했는데 이 3명은 모이지 않는다. 다른 학생은 졸업논문을 쓸지 졸업설계를 할지 대략 결정된 모양이다. 마침 주택아이디어공모전이 있었기 때문에 졸업설계를 희망하는 학생들은 공모전에 제출하도록 의무화하였고, 공모전을 하면서 졸업설계 과제를 지켜보기로 하였다. 졸업논문을 선택한 학생들도 공모전 주제인 유기적인 건축의 계보에 관하여 공부하도록 하였다.

2006년 5월 16일 MARS세미나
강사 ; 구라카다 슌스케(倉方俊輔)

5.16

■ MARS (Modern Architectural Research) 세미나 개최

S군은 매달 한 번 진행하는 외부강사에 의한 MARS세미나도 결석하고 건축역사가인 구라카다 슌스케(倉方俊輔)의 「요시자카 다카마사(吉阪隆正)와 코르뷔지에」 강의에도 오지 않았다. 어느날 아침 역 앞 벤치에서 담배를 피우며 멍하게 앉아 있는 S군을 발견하고 "어이! 가끔은 연구실에 얼굴 좀 비추지" 하고 야단을 쳤다. "아~네~"하고 뭔가 힘없는 대답을 했지만, 며칠 후 세미나에 나타나서는 「근대건축과 현대건축의 차이, 건축과 건물의 차이는 무엇인가」라는 질문을 내던졌다.

근대와 현대, 건축과 건물의 차이에 대해서는 담당하고 있는 「현대건축의 사조」 첫 강의에서 이야기하는 주제이다. 흔히 사용하고 있는 언어를 다시 한 번 생각한다는 것, 사실 이것은 연구를 시작하는데 꼭 필요한 자세다. 보통 건축학회는 「조가학회(造家學會)」로 불리었으나, 건축역사가인 이토 추타(伊東忠太)에 의해 「건축학회」로 명칭이 변경되었다고 한다. 그 당시 이토 추타의 논문을 읽어보면 된다고 대답하고 거의 기대하지 않고 지도했다.

6.13

■연구주제 찾기

S군은 여전히 연구실에 나타나지 않았다. 이유는 4학년이 졸업연구 이외에도 16학점 강의에 출석해야 했기 때문이다. 가끔 연구실에 올 때는 연구실 책장에서 이토 추타의 책을 빼내 이토 추타의 탐험이라 할 수 있는 세계여행이나 만화에 관심을 갖고 「이토 추타는 건축가이면서 건축역사가인가? 메이지(明治)시대의 후지모리 테루노부(藤森照信) 선생님 같은데, 대~단하네」 등 거의 감상적인 인상 밖에 얘기하지 않았다. 그런 S군의 모습을 힐끗 보고, 이 녀석은 안 되겠구나! 하고 생각했으나 설계와 역사의 관계에 대하여 조금 관심을 갖고 있을지도 모른다는 아주 약간의 기대를 갖게 되었다.

도카이대학은 졸업설계, 졸업논문 모두 7월 중순에 연구보고서를 A4 용지 1장에 정리하여 제출하게 한다. S군도 이것을 내지 않으면 졸업연구 학점을 받지 못하기 때문에 꾸며서라도 좋으니 보고서를 쓰지 않으면 안된다. 보고서는 전반부에 전학기에서의 활동을 쓰고, 후반부에는 앞으로 전개할 졸업논문의 주제에 대한 이야기를 서술하고 그와 관련된 자료 및 참고문헌을 쓰면 일단 합격점은 받을 수 있다. S군은 이토 추타의 논문을 읽었기 때문에 건축과 조가(造家)의 정의 등은 쓸 수 있지만, 연구주제는 결정되지 않았다.

대부분의 학생들은 스스로 연구주제를 찾지 못한다. 그러나 자신이 태어난 지역의 근대건축이나 건축가에 관한 것이라면 고향에도 가고 조사도 할 수 있기 때문에 아무것도 생각하지 못하는 학생들한테는 이 방법을 권하고 있다. S군은 구마모토(熊本) 출신인 것을 알았다. 나는 후쿠오카(福岡) 출신으로 고향에 내려 갈 때마다 구마모토의 건축 등을 보기도 했고, 그중에는 기괴하다고 느끼는 건축이 있었다. 가미무다마츠오(上無田松尾) 신사를 설계한 건축가 기지마 야스후미(木島安史, 1938~1992)를 조

가미무다마츠오 신사(上無田松尾)
(설계:기지마 야스후미+YAS도시연구소, 1975년)

사해 보면 어떤지, 하고 가볍게 알려 주었다. S군은 "예? 그런 건축가가 있습니까?" 하고 놀라는 반응을 보였다. 연구실에 있던 『SD』의 기지마 야스후미의 특집호(1994년 4월호)를 보더니 "이상한 건축가네요. 가미무다마츠오 신사에 이런 서양풍의 건물은 뭔가 이토 추타의 츠기지혼간지(築地本願寺)와 비슷하지 않습니까?" 하고 혼자 중얼거려, 나는 "응, 그래?" 하고 대답했다. 그것이 그의 논문의 중요한 핵심이 될 줄이야 그때는 몰랐다. 이렇게 해서 S군의 연구주제가 결정되고 보고서를 꾸밀 수 있게 되었다.

이와 같이 연구주제 결정은 그 연구가 나중에 얼마나 훌륭한 박사연구로 발전될지는 모르지만, 방문한 건축적 인상이나 선생님의 말 한마디, 그리고 도서관에서 한 권의 책과 만남 등이 연구의 시작이 될 수도 있다. 이를 우연으로만 생각하지 말고 중요하게 다루면서 잘 이끌어가는 것이 연구를 자신의 것으로 만드는(자기화하다) 요령이라 생각한다. 반대로 이와 같은 우연적인 만남과 자기화 과정이 없는 연구는 그 연구자의 얼굴이 보이지 않고 재미 없는 것이 된다.

7.4

■ 조사 시작

주제가 결정된 S군은 여름방학을 이용해 고향인 구마모토로 돌아갔다. 가기 전에 "교수님, 무엇을 보면 좋을까요?" 라고 답답한 질문을 했다. 뭔가 하고자 하는 기분을 누르면 안 될 것 같아 "기지마의 작품은 구마모토에 꽤 많으니 볼 수 있는 건 모두 보면 좋겠다." 라고 말해 주었다. S군은 특히, 가미무다마츠오 신사에 흥미를 가지고 있는 듯 했다. 건물을 보기 전에 도서관에 가서 기지마에 관한 자료를 수집하고 복사하도록 했다. S군은 자료조사 방법도 제대로 못하는 것 같아, 먼저 1차 자료를 중심으로 수집하도록 했다. 기지마의 저서는 5, 6권 정도 밖에 없지만 여기저기에 기사를 쓰고 있었다. 또한 도시계획 분야에서 박사학위를 취득했기 때문에 학술논문도 다수 있었다. 몇 시간 뒤, S군은 복사한 자료를 들고 연구실로 돌아왔다. "와~, 꽤 많아요. 이거 전부 읽지 않으면 안 됩니까?" 하고 엉뚱한 질문을 했다.

"교수님, 친구한테 들었는데, 기지마 씨의 따님이 건축가로 도카이대학의 시간강사라고 하는데, 알고 계십니까?" 하고 물었다. 그녀는 2학년 건축디자인 수업을 담당하고 있으나 기지마의 딸이란 사실은 모르고 있었다. "그래, 맞어" 하고 S군한테 몰랐던 사실을 들키지 않으려고 대답했다. S군의 주제에 우연성이라 할까, 뭔가 신기한 인연이라는 느낌이 들어 이건 어쩌면 매우 재미있을지도 모르겠다고 혼자 웃었다. 이처럼 반 우연성과 반 필연성의 상태를 뇌 과학자의 말을 빌리면 「우유성(偶有性)」이라고 한다.

S군은 수집한 자료를 곧바로 읽지 않을 것 같았지만 파일에 자료를 연대순으로 정리하면서 "와~, 두껍네"하며 감동하고 있어서 "복사한 것만으로는 안 되고, 반드시 읽어라."고 말했다. 나도 그랬지만 복사하고 나면 그것으로 안심하고 읽지 않는 경우가 많다. 복사가 금지된 중요한 자료의

경우는 손으로 직접 옮겨 쓰면서 오히려 확실하게 머리에 남는다. 중요한 부분을 손으로 직접 옮겨 적는 방법을 연구내용을 신체화하는데 좋다고 생각한다.

수집한 자료를 기본으로 연구주제의 참고문헌표를 작성하도록 과제로 하고 있다. 영국 유학시절, 연구 계획 개요서를 만드는 것이 의무화되어 있고, 여기에는 반드시 읽어야 하는 자료의 참고문헌표를 포함하고 있다. 그것을 보면 그 연구가 어떤 것인지 어느 정도 이해할 수 있기 때문이다. S군은 "아직 하나도 읽지 않았는데요."라고 하면서도 의외로 성실하게 참고문헌표를 작성했다. 그 모습을 보고 기지마의 『반과거 건축으로부터』(카지마출판) 라는 저서가 눈에 띄었다.

반과거의 건축이라는 개념이 기지마 씨의 건축관을 여실히 표현하고 있다. 반과거란, 불어를 공부한 사람이라면 알고 있듯이 반과거를 뜻한다. 즉 영어에서 말하는 현재완료의 계속에 근접하는 동사의 변화로 과거도 아니고 현재도 아닌, 양쪽의 의미를 함께 가지고 있는 것이다. 기지마 씨는 이런 양의성(兩義性)이야말로 건축 보존을 생각하는데 필요하다고 보고, 과거의 것을 그대로 표현하는 것이 아닌 현재의 것으로서 건축을 이해하면서 보존 계승하는 자세를 관철하고 있다.

구천동목림관(球泉洞森林館)
(설계:기지마 야스후미+YAS도시연구소, 1984년)

7.20

■연구보고서 제출

결국, S군의 연구보고서 타이틀은 「반과거의 건축개념에 대하여 - 가미무다마츠오 신사를 중심으로 - 」로 하였다. S군에게 기지마가 주장하는 보존의 생각과 그에 따른 설계와 역사를 연결하는 것을 탐구해 주길 바랐다.

대학에서도 건축교육에서 설계와 연구를 어떻게 연결시키면 좋을지에 대한 문제를 갖고 있을 것이다. 설계와 건축계획 또는 설계와 의장이라는 부분은 비교적 연결시키기 쉽다. 그러나 설계와 역사는 그 연결이 어려운 것이 현실이다. 한편, 제2차 세계대전 이후부터 유럽과 미국에서 모더니즘 비판에 대한 변천을 보면, 몇 명의 훌륭한 역사가와 교육자에 의해 설계와 역사가 연결되어 있고, 현대까지 그 흐름은 계속되고 있다. 기지마 씨의 보존에 대한 생각이 설계와 역사를 연결시키는 다리 역할이 되지 않을까. 그것이 나의 교육 목표이다. 이러한 기대에 S군은 응답해 줄 것인지, 이러한 나의 기분을 알고 있는지 모르는지, 보고서를 무사히 제출한 S군은 마치 논문이 완성된 듯 만족해 하면서 가능한 기지마 씨의 많은 작품을 보겠다는 약속을 하고 구마모토로 돌아갔다.

8.25

■ 현지 조사보고

2주에 걸친 조사를 마치고 연구실에 모습을 나타낸 S군은 처음으로 기지마의 작품을 본 것을 좋아했다. "그런데 어느 것이 재미있었지?" 라고 물었을 때 "특이한 건축이라고 하면 가미무다마츠오 신사입니다. 저의 어머니도 기분나쁘다고 했습니다. 그리고 구천동목림관(球泉洞森林館) 도 몇 개의 돔이 겹쳐 보이는데 이상하게도 주변경관과 어울렸습니다." 라고 대답했다. 감상이 조금 좋았던 정도의 코멘트였지만 이상하다거나 건축에 '?' 를 붙인 것이 중요했다. 많은 연구는 그 출발점을 거슬러 올라가 보면, 왜 그럴까, 이상하다 등 소박한 감정으로부터 시작하고 있다.

"나중에 코후인(弧風院) 도 갔다 왔습니다." "아 그래, 안에 들어갔었나?" "네, 그 지역 대학의 학생들이 워크숍을 하려고 많이 있었습니다." "그래, 기회가 좋았네. 그런데 무슨 워크숍?" "그게 - 컨셉 등 학생이 뭘 말하고 있는지 전혀 몰라, 바로 나왔습니다." 귀찮은 것을 피하는 열등생의 전형적인 태도에 S군을 꾸짖고 싶었다. "그래도 내부는 이상한 공간이었습니다. 천장이 높고 무대 같은 장소 앞에 기지마 씨의 유영이 장식되어 있었습니다. 그것이 좀 이상한 분위기로 기지마 씨도 마치 그 워크숍에 참가하고 있는 듯한 느낌이었습니다." 라고 바로 나와 버린 것을 조금은 반성하고 있는 모습이었다.

건축가가 되고 싶으면 건축을 보는 힘을 학생 때 서서히 배워둘 필요가 있다. 코르뷔지에가 말하는 「사물을 보는 눈」은 힘이다. 건축을 볼 때는 저쪽이 이기는지 이쪽이 이기는지, 건축과 씨름하는 기분을 갖는 것이 중요하다고 후지모리 테루노부는 말하고 있다. 물론 학생의 경우, 디테일이나 기술적인 지식이 없어 어쩔 수 없지만 공간이 갖는 분위기나 외관의 아름다움 등은 볼 수 있다. 건축가가 갖고 있는 능력이란, 그 사람이 어느 정도 건축을 보고, 직접 기록하는지, 이미지를 머리속에 정리하고 있는지에 의해 좌우된다. 코르뷔지에가 만든 건축은 사람들에게 확실히 감동을 부여할 것이다. 그러나 나는 책의 편집을 포함한 기록의 힘이야말로 배워야 할 자세라고 확신한다. S군은 어쩌다 방문한 곳에서 워크숍을 하고 있다는 우연한 만남에도 불구하고 기록할 절호의 기회를 놓쳐버리고 만 것이다.

10.1

■ 3인의 인터뷰 시작

코후인(弧風院)의 실패를 반성하고 앞으로 자료를 어떻게 수집 · 정리 · 관리할 것인지 개인지도로 결정되었다. 개인지도는 영국에서 진행된 개인교습으로서, 나도 졸업연구는 일주일에 한 번의 개인지도를 하고 있다. 공동연구 형태도 있지만 연구란 기본적으로 혼자 진행하는 것이다. 고독하면서도 지적인 격투를 이겨내지 못하면 능숙한 연구는 할 수 없다.

S군은 개인지도를 받기 전에 말한대로 인터뷰할 상대를 결정했다. 한 사람은 도카이대학의 교수이며 기지마(木島)의 사무실을 이어받아 현재 소장으로 있는 스기모토 히로후미(杉本洋文), 두 번째 사람은 기지마의 따님인 기지마 지카(木島千嘉), 세 번째 사람은 구마모토대학 교수인 모로즈미 미츠오(両角光男)이다. 그런데 S군은 인터뷰하기 가장 쉬운 스기모토 교수에게 기지마에 대한 연구를 하므로 잘 부탁한다는 인사만 했을 뿐, 본격적으로 인터뷰를 하려 하지 않았다. 아마도 자신이 열등생이란 생각을

코후인(弧風院), 옛 구마모토 대학강당

하고 있는 듯하다. 이와 같은 우려는 지적탐구에는 필요 없는 생각이다. 지적탐구란 세대나 입장을 초월하여 진행된다. 교수이든, 준교수이든, 대학원생이든, 학부생이든 지적 호기심에는 차이가 없다. 만약 자신의 입장을 이용하여 지적 호기심에 뭔가 방해를 한다면, 아무리 교수라 해도 결코 용납할 수 없다. S군은 스스로 그 길을 닫으려고 했고, 나의 역할은 그 길을 열리게 하는 것이다.

인터뷰할 때는 사전준비가 필요하다. 질문내용은 물론, 상대가 대응할 수 있는 시간과 장소, 녹음할 수 있는지에 대하여 사전에 상대방과 상담하는 것이 좋다. 모로즈미 씨와는 가미무다마츠오(上無田松尾)신사 설계과정에 대하여 인터뷰하기로 사전에 결정해 두었다. 그래서 그런지 학부생으로는 조사를 잘했다는 칭찬을 듣기도 했다. 이 인터뷰로부터 설계단계에서는 3가지 안이 있었으며 기지마는 지역주민들이 안을 선정할 수 있도록 했음을 알게 되었다. 이는 처음 듣는 이야기였다. 건축가에게 흔히 나타나는 자만심이 아닌, 주민참여 과정을 하고 있었던 것이다. S군의 보고서를 들으면서 나는 혹시나 하는 기대를 하게 되었다.

인터뷰가 끝나갈 즈음, 건축평론가이면서 포스트 모더니즘을 제창한 찰스 쟁크스(Charles Jenks)가 일본에 왔다. 그에게 기지마가 츠기지혼간지(築地本願寺)를 안내했던 사실을 말하려고 했는데, 찰스 쟁크스가 먼저 말해버렸단다. "자네, 그건 쟁크스라고 말했지?" "모처럼 실패하지 않고 끝마치려 했는데, 결국 실패했습니다." S군은 명랑하게 이야기했다. 정말 이 학생은 괜찮을까.

10.24

■중간 발표회

도카이대학에서는 10월 중순에 졸업연구 중간발표회를 한다. 졸업논문의 경우, A4용지 2장의 개요, 졸업설계의 경우는 개요 1장+A1 프레젠테이션 패널 1장+스터디 모형을 제출하게 한다. 발표시간은 1분의 질문을 포함하여 약 3분 정도이다. 자신의 연구내용을 누가 들어도 알 수 있도록 2분 안에 발표한다는 것은 연구자 조차도 지극히 어려운 작업이다. 중간발표회에서는 연구목적과 의의, 배경과 선행연구와의 차이점, 문제제기와 주장, 그 근거(이유), 즉 논문의 서론에 해당하는 부분을 발표하도록 한다. 사실 서론이 명확하게 되어 있으면 그 뒤의 본론, 결론은 그렇게 어렵지 않다. 그러나 S군은 개요가 무엇인지조차 모르고, 중간발표에서 작성하는 A4용지 2장의 개요가 논문이라고 이전부터 생각했던 것이다.

S군의 중간발표는 7월에 제출한 보고서와 그다지 변화된 것이 없었고, 어디까지나 주제는 반과거의 건축이라는 개념 고찰이었다. 발표 후, 다시 한 번 논문구성을 수정하는 작업에 들어갔다. 반과거의 건축이라는

개념만으로는 S군 자신의 시점을 반영하지 못하고 가미무다마츠오 신사의 고찰로는 불충분하였다. 여기서 문제제기, 주장, 근거라는 논리를 세우도록 재검토하고 3가지 근거를 찾도록 독촉하였다.

10.31

■근거 설정

S군은 지금까지 기지마(木島)의 작품과 설계이념에 대하여 많은 견해가 있었으나, 그 어느 것도 연구대상으로 깊이 고찰되지 않았음을 문제로 제기하였다. 그리고 가미무다마츠오 신사에는 기지마의 설계이념이 나타나고 있다는 주장(이 단계에서는 가설이지만)을 논증하기 위하여 그 근거로서 3가지 키워드를 찾는 작업에 들어갔다.

여기서부터 S군은 마치 사람이 변한 것처럼 보였다. 봄학기는 그다지 연구실에 발을 들여 놓지 않더니, 거의 매일 얼굴을 내밀고 자료를 신중하게 탐독하게 되었다. 여기서 S군은 몇 가지 중요한 자료를 나한테 보이며 근거가 될 만한 2가지 개념을 제시하였다. 하나는, 구마모토의 부모님 도움을 받아 수집한 「집은 살아 있다」라는 구마모토 매일신문에 73회에 걸쳐 게재된 기사이다. 당시, 구마모토대학에 재임했던 기지마는 구마모토에 있는 중요한 건물이 개발의 붐을 타고 없어질 위기를 맞이하여 구마모토대학의 동료와 친구인 건축평론가 등과 함께 보존을 호소하는 문장을 썼다. 여기에 기지마의 활동 원점이 있다고 S군은 주목하였다. 분명하게 모더니즘 사상을 배경으로 한 70년대 개발 영향으로 대도시는 물론, 구마모토와 같은 지방도시의 역사적 건물은 파괴의 위험에 처해 있었다. 지금과 같은 보존운동의 뿌리는 당시의 모더니즘 사상에 대한 의심에 있다. 기지마는 모더니즘 사상의 교육을 받으면서도 동시에 이에 대한 비판적 자세를 갖고 있었다. 그래서 하나의 키워드는 「보존」이 되었다.

두 번째 자료는 역사가인 스즈키 히로유키(鈴木博之) 선생이 1980년 건축학회회보에 쓴 「모방의 힘」이라는 논고(論考)였다. S군의 조사에서 기지마는 스즈키 선생을 건축역사가로 평가하고, 내용중에서 모방의 개념에 주목하고 있었다. 모방이란 크리에이티브 세계에서는 흉내, 표절 등 부정적인 인상을 갖고 있다. 그러나 기지마는 크리에이티브한 행위의 근거에는 모방이 있다고 확신을 갖고, 이상적인 모방에 대한 생각을 저서에 서술하고 있다. 이러한 기지마 자신의 말에서 두 번째 키워드는 「모방」이 되었다.

11.15

■「신전(神殿)인가 옥사(獄舍)인가」의 관계

지금까지 순조롭게 논증이 될 개념을 발견한 S군은 벽에 부딪치게 되었다. 즉 세 번째 근거를 발견하지 못했던 것이다. S군으로서는 처음에 생각했던 가미무다마츠오 신사와 츠기지혼간지의 디자인에서 보여지는 유사성이 마음에 걸렸던 모양으로, 뭔가 거기에서 건질 수 있는 것이 없을까 찾고 있는 듯 했다. 기지마가 찰스 쟁크스를 이토 추타의 츠기지혼간지에 안내했던 것은 사실이지만, 이토 추타에 대해 언급한 문장은 없다. 즉 1차 자료로서의 근거가 발견되지 않는 것이다.

여기서 나는 S군과 토론한 결과, 모더니즘이면서 모더니즘에 비판적 자세를 갖고 있는 기지마의 양의적(兩義的)인 측면에 주목했다. 하세가와 다카시가 거의 같은 시대에 발표한 「신전인가 옥사인가」와 관계 있지 않을까 생각했던 것이다. 하세가와는 단케 겐조(丹下建三) 등의 작품에서 보여지는 모더니즘의 주류를 신전만들기로 보고, 다이쇼(大正)시대의 고토우 케이지(後藤慶二) 등에 의한 옥사건축, 즉 표현파 · 분리파적인 자세를 이어받은 무라노 토고(村野藤吾)의 건축을 옥사 만들기로 보고, 70년대 초기 모더니즘 비판을 전개하였다.

츠기지혼간지(築地本願寺, 설계 : 이토 추타, 1934년)

11.21

■급성장염으로 쓰러지다

곧바로 「신전인가 옥사인가」를 집으로 가져간 S군은 그 후 한 번도 연구실에 나타나지 않았다. 1주일이 지나 걱정하고 있는데, 세미나생인 N군이 S군이 구급차에 실려 갔다고 알려 주었다. 모처럼 순조롭게 논문이 진행되어 가는데 잘못되어 졸업이 연기되는 상황까지 갈까 걱정되었다.

2주일 뒤, S군은 조금 야윈 얼굴을 하고 연구실에 나타났다. "어이, 괜찮은가?" "심려 끼쳐드려 죄송합니다. 도저히 안 되겠습니다. 지금 저의 레벨로는 이해할 수가 없습니다." "뭐? 무엇이?" "「신전인가 옥사인가」입니다." "그런건 아무래도 좋아. 몸이 어떠냐고?" "구급차에 실려 간 건 사실이지만, 좀 창피해서 말할 수 없습니다." "뭐가 창피한데?" "「신전인가 옥사인가」를 갖고 돌아간 이틀 후, 새벽에 갑자기 배가 아프기 시작했습니다. 화장실에 들어가 일을 보는데, 변에서 피가 섞여나왔습니다." "「신전인가 옥사인가」를 너무 열심히 읽어서 급성에 걸린건 아닌가?" "그런 정도가 아닙니다." "어느 정도?" "혈변의 양입니다. 바닥을 기어 휴대전화로 구급차를 불렀습니다. 타고 가는데 집에서 걸어서 불과 5분 정도 밖에 안 되는 병원인데, 한심했습니다. 진단결과 급성장염이라고 의사가, '자네, 요즘 생활습관이 변한건 없는가?' 라고 묻기에 '공부하게 되었습니다.' 라고 대답했습니다."

S군은 지금까지 거의 하지 않던 공부를 지나치게 하게 되어 급성장염에 걸렸던 것이다. 이런 일이 있은 뒤, 그는 '혈변군' 으로 부르게 되었다. 그러나 기운을 차린 S군과 개인지도를 해 보니 「신전인가 옥사인가」를 전혀 감당하지 못한 게 아니라 거기에서 「신의 백성의 집이라는 키워드를 발견했다. 「기지마는 가미무다마츠오 신사에서 신의 백성의 집을 실현하고자 했던 것이 아닌가 생각합니다. 이토 추타의 신사에 대한 생각과도 약간 관계가 있다고 보여지고요." "그래, 그건 좋은데 학술적으로 귀중한 어드바이스를 받을 수 있을 것으로 생각되네. 그런데 좀더 생생한 이야기가 듣고 싶군. 예를 들면, 당시 상황을 알고 있는 신사에 있는 사람의 이야기라든가" "아~그렇군요, 이제는 구마모토에 돌아갈 시간이 없기 때문에 신사의 관리인한테 전화해 보겠습니다."

이 두 사람의 인터뷰는 바로 이루어졌고, 그 결과 기지마는 신사의 전통을 어떻게 생각했는지에 대한 시점을 갖게 되었다. 이렇게 세 번째 키워드는 산고 끝에 「전통」으로 하기로 했다. 가미무다마츠오 신사의 서양 신전과 같은 이상한 디자인을 입힌 부분은 원래 백성의 영역으로 불리는 배전(拜殿, 신사에서 배례하기 위해 본전 앞에 지은 건물)으로, 기존의 평면을 계속 이어가면서 동양과 서양이 혼재하고 병합하는 건축으로서 고쳐지은 것이다. 신의 영역인 본전(本殿)에서는 기존의 것을 보수하고 토대 부분을 RC로 바꿨을 뿐이다. 즉 기지마는 신과 백성의 영역을 분리하는 신사의 형식을 보존 · 계승하고, 배전(拜殿)에 모방 개념을 주입시키면서 신전만들기라는 모더니즘 건축에 대한 비판을 표현한 작품으로서 가미무다마츠오 신사를 설계했다는 논문의 논리가 탄탄하게 만들어지게 되었다.

2007.1.22

■개요 · 논문제출

논문의 논리를 결정한 S군은 형식대로 논문작성 작업에 들어갔다. 내가 지도한 그대로 서론을 명확하게 마감한 다른 학생보다 한 달 빨리 제출한 개요와 씨름하고 3가지 근거를 열거하면서 논증을 전개하였다. 결론은 서론에서 서술한 주장을 다시 한 번 강조하였다.

인용 부분의 주(注)를 제시하면서 참고문헌을 1차, 2차 자료별로 열거한다. 또한, 문자 교정을 나만이 아닌 교육자이신 부모님에게 부탁하여 표현 등을 완벽하게 마감해 갔다. 이렇게 졸업논문 제출마감 전날에 S군은 다른 학생의 논문과 설계를 돕는 등 6개월 전의 모습이라고 믿을 수 없을 정도로 완전히 다른 사람으로 변한 광경을 보게 되었다.

1.27

■졸업논문 발표회

원래 다혈질인 S군이지만, 이번에는 본인도 만족감이 있었을 것이다. 다른 학생들과 비교하여 자신감도 생긴 듯이 보인다. 특히, 매년 우수논문상을 연속해서 수상하고 있는 같은 역사계열의 오자와(小澤) 연구실에는 절대 질 수 없다는 생각을 하고 있는 듯하다.

이수학점이 부족한 S군은 발표 후, 기말고사를 치루어야 하는 아슬아슬한 상태였다. 그래도 1주일에 걸쳐 만든 발표용 파워포인트는 연구실의 다른 학생에 비해 수준 높게 만들었고, 구두발표도 때때로 교수들을 바라보면서 명확하게 진행했다. 무엇보다 학생에 대해 매번 날카로운 코멘트를 하는 오자와 교수가 "왜, 이토 추타가 관계하고 있지?"라는 질문에 대하여 "기지마가 찰스 잼크스를 츠기지혼간지로 안내했던 것, 또한 직접적인 증거는 없으나 이토와 기지마에 의한 신사에는 의장(意匠)에서 공통점이 보여지기 때문에 기지마의 '반과거' 개념은 이토의 「건축진화론(建築進化論)」의 영향을 받고 있다고 생각했기 때문입니다."라고 당당하게 대답했던 것이다. S군의 대답에 크게 수긍한 오자와 교수의 얼굴을 나는 놓칠 수가 없었다.

1.30

■우수논문상 선발

졸업심사 회의 후, 계획계열의 우수논문상 선발이 진행되었다. 최근 전체적으로 문장의 양이 빈약한 논문이 눈에 띄면서, S군의 논문은 양적으로나 질적으로도 부족하였다. 무엇보다 많은 교수들이 발표회에서 오자와 교수와의 응답을 좋게 평가하고 있지 않은가 하고 나는 착각하고 있었다. 각 연구실로부터 추천을 받아 투표한 결과, 오자와 연구실의 학생을 누르고 S군이 최고득표를 받았다. "해 냈다!" 나는 내심 쾌재를 불렀다. 당연히 S군의 졸업연구 성적은 S평가를 받았다.

S군에게 있어서 대학 4년간, 아니 5년 동안 처음이자 마지막의 S였다. 그런데 졸업연구를 지나치게 열심히 해서 그런지, 졸업에 가장 중요한 학점을 채우지 못해 졸업을 한 학기 연기하게 되었다. 도대체 이녀석은 어디

까지 갈 작정인가. 나도 모르게 정강이를 내리쳤지만, 이상하게도 웃음이 그치지 않았다.

졸업이 연기되었음을 재차 확인한 S군과 나는 발표장을 찾기로 했다. 졸업설계에 비해 발표장이 매우 작은 역사계열의 졸업논문은 관동지역 대학들에 의한 건축사교류회가 유일한 발표장이 되고 있다. S군은 상을 받고자 무척 열심히 준비했다.

3.10

■ 건축사교류회에서의 발표

약 한 달 반 뒤, S군은 발표회에서 유일하게 현대건축가를 주제로 한 연구로 100명이 넘는 청중 앞에서 발표를 했다. 유감스럽게도 우수논문상은 수상하지 못했지만, 그래도 우연의 일치인지, 기지마의 친구 중 한 사람인 건축역사가 니시 가즈오(西和夫)를 비롯하여 발표회에 참석한 기지마 지카(木島千嘉) 씨 앞에서 연구보고를 할 수 있었던 것에 충분히 만족하고 있는 듯 했다. 그들 앞에서 상을 받고 싶었으나 공개투표에서 1표 밖에 받지 못해 낙심하고 있었다. 그러나 내가 훌륭하다고 생각한 것은 내용보다는 S군이 연구대상인 기지마와 관련 있는 사람들에게 자신의 연구를 리뷰받는 기분을 가질 수 있었다라는 것과 기지마가 사랑한 딸인 기지마 지카 씨가 매우 기뻐했다는 것이다.

이러한 경험은 연구자에게 매우 특별한 것이다. 기지마 지카 씨는 부친에 대한 연구를 하리라고 생각하지 못했던 모양으로 놀라움과 고마움으로 감사의 말을 전했다.

4.1

■학회 우수졸업논문상으로 신청하다

계속해서 오자와 연구실이 2년 연속 수상하고 있는 일본건축학회의 우수논문상에 신청을 했다. 발표대회는 나의 고향이기도 하고, S군의 고향인 구마모토와도 가까운 후쿠오카시의 후쿠오카대학에서 개최되었다. 고향에 금의환향하기에는 아직 멀었는데, S군은 거의 급제한 듯한 기분이었다.

우수논문상에 선발되기 위해서는 상당히 높은 수준이 필요하고 학회에서 1차, 2차 심사를 거치지 않으면 안 된다. 특히, 학부생의 논문은 석사논문에 비하면 시간적인 약점도 있고, 완성도보다는 주제에 의문점을 많이 받게 된다. 그런 의미에서, 지금까지 건축역사에서 현대를 취급한 연구는 없었기 때문에 혹시 운이 좋아, 어떻게 잘되지 않을까? 하는 은근한 기대를 갖고 있었다.

S군은 졸업학점 이수 부족으로 졸업이 연기되었기 때문에 우수논문상에 신청할 수 있을까? 오자와 교수한테 상담하니 곧바로 학회에 문의해 주었고, 그런 사례는 없었지만 괜찮다는 대답이었다. 오자와 교수도 S군에게 상을 받게 해주고 싶은 기분을 갖고 있었던 것이다.

上無田松尾神社の意匠に至る木島安史の設計理念とその背景
—歴史の継承性の視点から—

学部　準会員　椙山哲範（東海大学）

1．はじめに

1-1 研究の目的と方法

1975 年に、建築家木島安史(1937-1992)の設計によって、上無田松尾神社【図 1】が竣工された。これは、後に、日本におけるポスト・モダニズムの先駆的作品といわれ、さらに、木島の会心の作品であろうと評される一方、その形姿から奇想の建築としても捉えられ、数ある木島の作品の中でも、言及される機会が多い。

現在の上無田松尾神社は、既存の神社の老朽化からの、改築による作品である。本殿【図 2】は和風で建てられ、貫から上の木造で出来た屋根部分に既存の物を使用し、保存の建築として前神社の面影を残し、本来の神社建築の形態を見せている。一方、拝殿と神楽殿(以下、拝殿と表記)【図 2】は、西洋の建築様式の模倣で形成されている。これは、1971 年に実施され木島が参加した、第 2 次熊本大学環地中海建築調査の影響が、素直に表現された意匠であると周知される[1]。

しかし、神社建築という日本の伝統性の象徴ともいえる対象へ、西洋の建築様式を付加させた木島の設計理念とその背景については、未だ不明瞭な部分がある。

本研究は、主として上無田松尾神社に見られる「歴史の継承性」に着目し、保存、模倣、神社の伝統という 3 つの側面から、木島の言説、さらに今回実施したインタビューに基づき、奇想とされた同神社の意匠に至る木島の設計理念とその背景が何であったかを、明らかにすることを目的とする。なお、インタビューの実施にあたり、その相手として、本研究が新しい年代を取り上げるゆえ多くの人物が対象として考えられるが、あくまでも客観性を重視し、竣工当時の状況および現場での木島の声を知る人物のみに限定した。

1-2 既往研究の検討

木島については、これまで多くの見解が述べられてきた[2]。上無田松尾神社に限ってみても「中東文化のもののように見える」[3]「日本で最も早いポスト・モダン建築であろう」[4] など、述べられている見解は多様である。しかし、いずれも、研究として深く考察したものは見られない。木島本人の言説においても、改築前の神社の記録、および、改築後の概要が記されているが[5]、現在の上無田松尾神社の意匠に至る自らの思想を明らかにはしていない。このように、あくまでも木島の人間性、さらに、上無田松尾神社に触れての主観的見解や記録しか述べられていないのが現状である。

2．保存への姿勢

2-1 地域性

木島は著書[6] の中で、次々と新築と破壊を繰り返す世の風潮に対し、建築の「破壊」を「破戒」であると述べた。それは、「たんに物理的な意味で壊されるのではない。むしろ精神的にそれまで存在したものの全てを破壊しているのだといえよう。人とものの旋律を、人が一方的に放棄する」[7] との危惧を込めてのものである。

木島は、建築は世の中の人すべてに関わって考えるべきものであり、人間の存在そのものを表現しなければ意味がないと考えていた。これは、地域性の重要性を説き、熊本市民への、熊本の文化の再確認や新しい価値基準の認識への誘発であった。

木島は、1974 年に実施した『家は生きていた-熊本の洋館･和館めぐり』[8] と題した新聞記事の連載や、保存運動を通じ、建築の保存は実物が残って建っていることがいかに豊かであるか、建物に誘発されたイマジネーションの世界がいかに楽しいものであるかということを、地域に伝え続けた。これは、「熊本を愛し、熊本を誇ることはこのような具体的な問題を通じて以外にない」[9] との考え方に基づいており、そのことは、熊本に住む人間の道義的な問題と考えていたのである。

2-2 シンボル性

一般的に捉えられている建築の「保存」は、これまでの事例を見る限り、しっかりと以前までの形態を残すことを前提として捉えられてきたといえる。しかし、上無田松尾神社の建築形態においては、本殿の屋根部分にしかそのような姿を見ることができず、一般的な「保存」に照らしてみるなら、その形態は変貌を遂げている。しかし、この変貌にこそ、木島の保存に対する

図 1 上無田松尾神社 全景

図 2 本殿・拝殿

S군이 건축학회에 제출한 개요

베네치아 비엔날레 국제건축출품작,「혼재병존(混在併存)」, 기지마 야스후미, 1980년

5.27

■ 기지마 야스후미(木島安史)를 추모하는 모임. 그리고 우수논문상 선정

논문상의 결과를 기다리면서 기지마의 기일 한 달 후, 스기모토(杉本) 씨한테 소식이 와서 기지마가 이끈 계획·환경건축의 사무소 직원과 OB가 모여 기지마를 기리는 모임에 S군과 나는 참가했다.

S군은 기지마의 디자인 자료 중 하나인 돔형태의 구체(球体)가 디자인되어 있는 묘지 앞에서 연구보고를 한다는 감격에 떨고 있었다. 그 후에는 이이다바시(飯田橋)의 중국요리점에서 연구를 발표했다. 계획·환경건축의 사무소 직원, OB, 그리고 가족도 몰랐던 사실이 차츰 명확해지면서, 모두 똑같이 감동했다. 발표 후, OB의 츠가노 씨로부터 연구 검증에 대한 결정적인 증언이 있었다. 그것은 졸업연구발표회에서 오자와 교수가 질문한 이토 추타와의 관계에 대한 것이었다.

츠가노 씨는 가미무다마츠오 신사가 설계될 때 사무소에 들어와 자료를 수집하기도 하고 모형을 만들기도 했단다. 그때, 기지마는 츠기지혼간지의 디자인을 조사하도록 츠가노 씨한테 명했다고 한다. 당시, 기지마는 사무소 내에서도 이토 추타의 이름을 자주 말하는 등, 상당히 이토에 열광하고 있었음을 알게 되었다.

S군의 연구 초기 실마리는 이토 추타에 의한 「조가(造家)」에서 「건축」으로 개명한 것에 주목한 것이다. 그의 흥미는 이토 추타로부터 시간과 공간을 초월한 기지마의 가미무다마츠오 신사로 향했다. 그리고 다시 기지마의 디자인 자료이면서 가장 사랑한 기하학인 구체(球体)를 구성하는 궤적을 따라 가면서 이토 추타에게 되돌아왔던 것이다. 이렇게 거의 기적적인 연결과 우연성을 S군과 나는 경험하면서 모임을 뒤로 하고 나왔다. 하늘을 쳐다보니 평상시보다 한층 아름다운 별이 보였다. 어쩌면 기지마가 베네치아 비엔날레에 출전한 혼재병존(混在併存) 패널의 별, 하늘처럼.

2개월 후, 내 휴대전화가 울리고,

S군의 떨리는 목소리가 들려왔다.

"저~, 제가 해냈습니다.

우수졸업논문상을 받았습니다."

논문은 디자인이다!

와타나베 겐지(渡邊研司)

그래픽 디자인 = 마에다 유타카(前田豊)

논문은 언어로 만들어진(언어의) 건축이다. 그것은 문장, 단락, 그리고 깊게 생각한 주장을 통해서 건축을 만들고 생각하는 방법 중 하나이다. 그것은 건축을 다른 측면에서 설명하고 탐구하고, 음미하며, 이론화하고 또는 창조하는 장소이기도 하다. 그러므로 논문에는 여러 종류의 주제가 있다. 그것은 한 사람의 건축가 작품에 관한 연구에서부터 구두 디자인과 건축문화와의 관계에 대한 시론(試論)까지 포함한다. 그리고 가장 중요한 것은 논문이 당신에게 있어 건축설계의 장소라는 것이다. 건축을 공부하는 것만 아니라 그것을 생각하는 모든 것에 도움이 되는 방법이다. 즉 건축논문은 당신이 믿고 영향을 받은 사상을 타인에게 전달하는 수단인 것이다.

Iain Borden

Katerina Rüedi

Iain Borden, Katerina Rüedi, *The Dissertation, An Architecture Student's Handbook,* Architectural Press, 2000

머 리 말

와타나베 겐지

졸업논문은 소박해?

건축학과가 있는 여러 대학에서는 졸업연구로 졸업설계 또는 졸업논문을 의무적으로 제출하게 하고 있다. 저자가 학생시절이었던 25년 전에는 졸업설계와 졸업논문 모두 필수인 대학도 있었다. 그러나 현재는 학생들의 부담을 고려하여 둘 중 하나만을 선택하게 하는 대학이 늘어나고 있다.

졸업설계는 건축학과에서 공부한 4년간(+α)의 모든 것을 집대성한다는 의미로 건축가를 꿈꾸는 대부분의 학생들이 도전하고 있다. 30년 전부터 전국대학의 우수졸업설계작품집이 「근대건축」이라는 잡지의 특집호로 다루어지고 있으며, 어떤 대학에서는 졸업설계를 중심으로 우수작품집을 만들기도 한다. 또한 몇 년 전부터는 「졸업설계 일본 - 결정전」이란 제목으로 졸업설계대회까지 열리고 있다.

이처럼 졸업설계는 발표장이 다양하게 마련되고 학생들의 참여동기도 점차 높아지고 있다. 단지, 모형의 대형화와 프레젠테이션이 향상되고 있다는 사실을 제외하면, 내용이 발전하고 있는지는 의문이다. "그렇다면 당신의 학생시절에는 어떠했는지?" 라고 질문을 받는다면 그냥 넘어가는 것이 좋겠지만, 이 건축이 이 부지에 정말 필요한 것인가?와 같은 소박한 질문을 하게 하는 작품이 많았던 것 같다.

한편, 졸업논문은 매우 수수한 존재라고 할 수밖에 없다. 물론 좋은 논문을 쓰면 일본건축학회의 우수졸업논문상에 응모할 수 있으며, 어떤 대학에서는 계획계열, 공학계열에 각각 우수논문상을 받는 경우도 있다. 그러나 졸업설계의 화려함에 묻혀 버리는 것이 실상이다.

논문은 언어건축

설계와 논문의 우열관계를 생각해 보자. 우선 졸업설계에 대해 배치도, 평면도와 같은 도면, 다이어그램식 도표, 그리고 CAD로 마감한 아름다운 투시도 등을 제작하는 것으로 작품설명이 가능한 것인지, 이 건축이 무엇을 의미하고 있는지, 왜 이와 같은 형태가 되는지, 주변 환경과 어떤 관계가 있는 것인지 등 설계주제(컨셉)라는 형태로 언어에 의해 설명되어야 하겠지만 장황하게 쓴 컨셉은 심사작품수가 소수이지 않는 한 거의 읽히지 않게 된다. 그렇다고 해서 언어설명(言說)을 소홀히 한다면 본래 의미를 그르치게 된다.

많은 건축가들은 자신들의 건축론을 쓰고 있다. 건축가를 소개하는 잡지 등에서 그 건축가가 영향을 받은 건축가나 작품이 거론됨을 볼 수 있다. 그러나 건축작품보다는 건축가의 논리적인 설명 또는 건축역사가가 쓴 책의 영향을 받았다고 하는 건축가도 다수 있다. 예를 들면, 로마시대의 비트루비우스(Marcus Vitruvius Pollio)를 시작으로 레온 바티스타 알베르티(Leon Batista Alberti), 아돌프 로스(Adolf Roose), 르 코르뷔지에(Le Corbusier), 로버트 벤추리(Robert Venturi), 이소자키 아라타(崎新田), 구로가와 키쇼(黑川紀章) 등은 건축작품보다는 건축론 부문에서 영향력을 갖고 있다고 할 수 있다. 미국과 유럽에서는 이러한 논리적인 설명을 모은 앤솔러지(anthology)가 빈번하게 출판되고 있다. 즉 논리적인 설명을 건축행위의 하나로 다루고 있는 것이다.

5년 전, 본 책과 동일한 주제의 책을 영국에서 발견했을 때 그 책을 번역해볼까도 생각했으나 어차피 책을 쓴다면 자신의 언어로 써보는 것이 어떠냐는 편집자의 말을 듣게 되었다. 그러나 그 책에는 「논문은 언어로 만들어진 (언어의) 건축이다」로 시작하는 매우 좋은 문구가 있어 본 책에 처음으로 인용했다. 즉 논문을 쓰는 것은 설계에도 필요하며, 본 책의 제목처럼 「논문은 디자인이다!」라는 것이다.

후지모리 테루노부 씨가 말한 것으로, 설계를 할 때와 논문을 쓸 때는 뇌의 다른 부문을 사용하고 있다고 한다. 그러나 나는 프로세스라는 점에서는 같다고 생각한다. 따라서 이 책에서는 「논문을 설계하는 것」을 처음으로 생각해 보려고 한다.

문장 쓰기를 싫어하고, 졸업 후 이력에 유리할 것으로 생각하여 졸업논문이 아닌 졸업설계를 하려 한다면 분명 잘못하고 있다. 정리된 문장을 쓰지 못하는 사람은, 좋은 설계도 할 수 없고, 사물을 정확하게 생각하고 판단할 수 있는 사회인도 되기 어렵다.

또한 디자인은 언어를 초월한 것이므로 설계만 할 수 있다면 외국어를 못해도 유학에 문제가 없다고 판단하여 외국 대학에 유학하는 학생, 이것도 완전하게 잘못된 생각이다. 언어(그 나라의 언어)를 못하는 사람은 설계를 잘 하더라도 아마 상대해 주지 않을 것이다. 물론 그림을 그려 물건을 사거나 길을 물어보기도 하지만 결국 자신이 생각하고 있는 것을 표현하는 방법 대부분을 언어가 차지하고 있기 때문이다.

논리성을 갖는다

대학의 전임교수가 된 지 3년이 지났다. 아직 3년 밖에 안 된 사람이 논문 작성법에 대한 책을 내는 것은 부족할 수도 있다. 대학원을 졸업하고 설계사무소에 근무하기 시작하여 설계업무에 대한 경력은 해외에서의 6개월 경험을 포함해 12년 정도가 되지만, 논문을 쓰는 것이 설계행위와 깊이 연관 있다는 사실을 생각하기 시작한 것은 최근이다. 대학의 건축교육에서는 설계를 대충 가르치는 것보다 오히려 문제를 발견하고 명확한 논증을 갖고 자신의 주장을 전개하는 능력, 즉 연구방법론을 습득하고 알게 하는 것이 교육상 좋지 않을까 하는 생각을 갖게 한다.

10년 전 5년 동안 런던 AA스쿨의 건축사 · 건축론 코스에 유학을 했었다. 일본의 대학원에 해당하는 과정이었지만 AA스쿨에서 그 유명한 디자인 코스가 아닌, 건축역사와 건축론, 건축과 관련한 현대사상 연구를 주체로 하는 것이었다. 이 코스를 창설한 나의 스승인 로이스턴 런더우(Royston Landau) 교수는 건축을 인간에 의한 프로덕션(생성물)으로 폭넓게 취급하고 형이상학적인 입장에서 건축을 생각하는 프로그램을 구성하고 있었다. 여러분들은 「메타 사이언스」라는 학문을 알고 있는지 이것은 과학(science)이 아닌 과학을 생각하는 학문으로 지금의 과학사, 과학철학, 과학사회학의 3개 분야를 말한다. 내가 공부한 코스는 메타 사이언스의 건축 분야인 「메타건축(meta-architecture)」이라는 학문으로 건축역사, 건축철학(이론), 건축사회학에 관한 연구와 교육이 진행되었다.

학생은 학기마다 에세이 과제를 제출하도록 되어 있다. 에세이는 3,000~5,000자의 짧은 논문이다. 나 스스로는 열심히 썼다고 생각했는데 몇개는 "불합격"을 받았다. 결국 다시 제출할 수밖에 없었다. 그 당시 처음으로 논문이란 어떤 것인지를 알게 되었다. 지도교수의 말에 의하면 미국과 유럽에서는 중학교 때부터 상당한 시간을 들여 논문작성법을 가르친다고 한다. 문장작성에 관해서 일본 학생들은 한참 아래 수준의 교육을 받는 것으로 볼 수 있다.

그렇다고 두려워할 필요는 없다. 논문이란 형식을 지켜서 쓰는 문장이기 때문에 형식을 지키기만 하면 영어이건 일본어가 되던 누구라도 쓸 수 있다. 그러나 중요한 것은 논리성(logic)을 가져야 한다.

내가 처음으로 맡은 세미나 학생은 14명이었으나 졸업논문과 졸업설계 희망자가 정확히 반반으로 나누어졌다. 각각 지도하는 것도 번거롭기 때문에 공통의 세미나 지도로 진행하고 졸업논문이든 졸업설계가 되든, '문제제기 → 주장 → 근거' 라는 논리를 만들도록 지도하였다. 이것을 하지 않으면 학술적 의미를 가질 수 없다. 즉 동일한 근거를 가지면 누구라도 동일한 결론에 도달한다고 하는 재현성(再現性) 실현이 불가능하게 되기 때문이다.

단지, 졸업논문에 몰두할 경우에는 연구대상으로 하는 건축과 관련한 사람이나 그 건축가와의 인터뷰, 실측 등의 현장조사(field research)를 통해서 얻어지고, 논리만으로는 다룰 수 없는 자신의 주관성도 중요하게 다루어야 한다. 또한 졸업설계에서는 논리성으로 얻어지지 않는 신체감각, 다시 말하면 수량화할 수 없는 감각, 그리고 논리의 비약적인 발전이 필요함을 첨가하였다.

논리에 대해서 중요한 것은 건축설계 행위와 논문작성과는 깊은 관련이 있음을 이해하길 바란다. 본 책은 졸업논문에 희망을 비추고 논문연구의 흥미를 알게 하고 또한 건축설계를 진행하는데 힌트를 발견할 수 있는 핸드북이 되었으면 하는 바람이다.

옮긴이의 글

건축 및 실내전공의 학생들에게 졸업설계와 졸업논문은 언제나 힘들고 어렵게만 생각하고 있는 것이 현실이다. 특히 설계 디자인에만 관심을 갖고 처음 대면하게 되는 졸업논문은 학생들에게 심리적으로 고통을 느끼게 하고 있다. 저자 와타나베 겐지는 어떻게 하면 학생에게 건축의 흥미를 불러일으킬 수 있을지, 논문을 설계와 동일한 사고를 갖고 그 과정으로 인식할 수 있도록 대학에서의 지도 경험을 바탕으로 이해하기 쉬운 내용으로 설명하고 있다.

건축 및 실내전공 학생들에게 설계 디자인을 시작할 때 무엇을 할 것인지, 목적과 목표를 설정하고, 대지와 주변 환경을 조사하게 하고, 누구를 대상으로, 어떤 설계 디자인으로, 사례와 함께 조사 · 분석하게 한다. 자신의 설계 디자인을 이끌어내기 위해 이론적으로 정리해 가는 단계이지만, 왜 이런 과정이 필요한지 학생들은 4학년이 되어서도 이해하지 못하고 있는 듯하다. 이론적으로 정리하게 하면 그 순간부터 논리성이 배제된 나열된 정리를 하기도 한다. 특히 졸업논문과 결부시키면 지금까지 진행한 과정과는 별도로 생각하고 논문을 위해 다시 처음부터 새로운 것을 시작해야 하는 것으로 인식하고 있다.

설계 디자인과 논문은 다르다고 생각하는 학생들에게 시각적으로 나타나는 설계 디자인의 주관적인 주장을 논리적인 내용으로 객관화시키는 논문의 중요성을 알려 주고 있다. 자신의 주장(생각)을 이론화시킬 수 없다는 것은 단순히 도면과 모형 그 자체에 불과하고 나의 주장을 사람들에게 전달할 수 없게 된다는 것과 같다. 이 책은 인문, 사회 분야의 전공으로만 여겨지고 있는 논문(이론 논리)을 설계 디자인과 결부시킴으로써 논문 = 디자인이라는 의미를 넓히고 의식을 갖게 한다.

설계 디자인하기는 좋은데 문장 쓰기를 좋아하지 않는 학생은 이 책을 반드시 읽어 보길 바란다. 왜냐하면 건축 및 실내전공에 대한 자신의 생각을 명확하게 전달하기 위해 필요하며 그것이 바로 설계 디자인을 사랑하게 되는 길이기 때문이다.

2012년

옮긴이 서귀숙

목 차

실록 우수논문상으로 가는 길 3
머리말 30
본 책의 사용방법, 설계와 논문작성의 프로세스는 닮아 있다 40

step1 구상 ■

스케치 노트를 만들다 48
연구할 마음의 준비를 갖는다 52
책에서 정보를 얻는다 56
서점을 이용한다 60
서평을 활용한다 64
어학을 습득한다 68
주제를 찾는다 72

step2 조사 · 계획 ■■

필드워크한다 78
개요를 적어본다 82
연구방법을 알다 86
질적 연구법을 공부한다 90
에스노그래피(ethnography)와 삼각측량(triangulation)을 알다 94
질적 연구법을 건축에 응용한다 98
강(인)해야 한다 102

step3 기본설계 ■■■

논리를 알다 108
단락을 알다 112
서론 1 : 문제를 제시한다 118
서론 2 : 논문으로 유도 122

본론 1 : 스켈톤을 구성한다 126
본론 2 : 3개의 소(장)논문을 쓴다 130
아이디어를 버리고 발효를 기다린다 134

step4 실시설계 ■■■■

개요란 확인신청서와 같다 140
공정표와 개산서를 만든다 144
문장의 의미 · 의미 부여에 주의한다 148
문장 연결에 주의한다 152
논문 기준법을 지킨다 156
아름답게 레이아웃한다 160
교정한다 164

step5 프레젠테이션 ■■■■■

프레젠테이션도 디자인이다 170
원고를 읽지 말고 얼굴을 들어라 174
발표자와 청중을 의식한다 178
컴퓨터의 장 · 단점을 알다 182
질의응답도 디자인이다 186
논문을 출판한다 190
데이터 베이스를 만든다 194

인터뷰

역사는 현대 문제(스즈키 히로유키) 200
논문도 디자인도 가설부터 시작한다(난바 가즈히코) 208
위대한 실패에서 배운다(구라카다 슌스케) 220

참고문헌 232

본 책의 사용방법

설계와 논문작성의 프로세스는 닮아 있다

일반적으로 건축설계는 클라이언트의 의뢰로 시작한다. 건축가의 작품을 잡지나 TV에서 보고 그 건축가에게 설계를 부탁하리라 클라이언트는 생각한다. 또는 공공건물의 경우에는 공정성을 위해 설계공모가 진행되기도 한다. 일정한 조건을 만족하게 되면 공개설계공모가 되고, 몇 명의 경험 있는 건축가를 대상으로 하는 지명설계공모도 있다. 「연전연패」라는 책을 쓰면서도 계속하여 대형 프로젝트를 진행하는 초유명 건축가도 있지만 책제목처럼 막상 공모에서는 생각대로 안 되는 것이 현실이다. 설계공모 우승을 계기로 무명의 신인이 갑자기 건축계에 등장하는 일도 종종 있다.

르 코르뷔지에라는 근대건축의 거장이 의뢰받지도 않은 프로젝트안을 제작했던 이야기는 유명하다. 그런데 클라이언트로부터 의뢰가 들어오면 구상, 조사 · 계획, 기본설계, 실시설계, 프레젠테이션이라는 프로세스로 설계를 이끌어간다. 머리말에서 서술했듯이 사실 논문도 이와 유사한 과정으로 작성된다. 본 책에서는 건축설계와 논문작성 과정을 대비시켜 가면서 논문작성에 필요한 생각과 기술을 나의 경험과 함께 이야기하기로 한다.

Step 1 구상

건축설계를 시작할 때 대부분은 주제가 부여된 상태이다(설계대상이 주택, 음악홀, 오피스 건물 등). 클라이언트의 요구(공모요강)에 대한 제안을 구상하는 시기라고 할 수 있다. 세상에 이와 같은 건축이 필요하다고 건축가가 안을 만들어 아무리 외쳐도 그것을 의뢰하는 클라이언트가 없으면 그림의 떡이 된다. 그러나 간혹 부여된 조건을 충족시킬 뿐만 아니라 이에 이의를 제기하는 새로운 프로그램을 제안하여 당선(또는 낙선을 각오하고 제출한)한 건축가도 있다.

논문을 쓸 때는 건축가가 소리 높여 외친다. 라는 자세를 지속하는 것이 무엇보다 중요하다. 즉 문제의식을 갖는 것이다. 누군가로부터 의뢰를 기다리는 것보다는 현대사회에서 무엇이 문제인지 끝없이 생각하는 것이 필요하다. 거기서부터 연구주제를 설정한다.

졸업설계의 경우는 클라이언트가 없기 때문에 문제의식을 갖고 설계주제를 생각하는 것부터 시작한다고 할 수 있다. 졸업설계나 졸업논문도 우선 주제를 발견하는 것이 필요한 것은 동일하다.

Step 1 구상

논 문
- 문제의식을 갖는다
- 정보수집
- 연구주제 설정
- 가설 세우기

설 계
- 클라이언트의 요구(공모 개요) 확인
- 제안내용의 방향성 검토
- 이미지 스케치 제작

Step 2 조사 · 계획 ■■

주제가 결정되면 다음은 조사 · 계획이다. 건축설계의 경우 여기서 중요한 작업은 부지의 주변 환경 조사와 건축 프로그램 검토, 제반 조건, 규모, 법규(단체규정) 등의 확인과 스케치 등을 들 수 있다.

논문의 경우 대략 설정한 연구주제로부터 자신이 제기하는 문제나 주장을 이끌어내는 시기이다. 그러나 학부 4학년생으로서 주제를 설정하는 것조차 어려운 것은 사실이다. 우선 지도교수의 어드바이스를 받으면서 연구주제와 관련한 선행연구를 조사하는 것이 좋다.

Step 3 기본설계 ■■■

건축의 기본설계는 1:100, 1:200 정도의 축척으로 도면을 제작한다. 조사 · 계획에서 조사와 분석을 하고 평면, 입면, 단면계획, 구조 · 설비형식을 검토하며 재료 검토, 법규 확인 등을 진행한다. 그리고 견적서, 건축 확인 신청용 도면(일반도면)을 정리한다.

Step 2 조사 · 계획

논 문

- ■ 선행연구 확인 및 리뷰
- ■ 인터뷰
- ■ 문제제기 또는 주장을 이끌어낸다
- ■ 가상의 개요 작성

설 계

- ■ 부지조사 및 건축프로그램 검토
- ■ 제반 조건, 규모, 법규 (단체규정), 주변환경 등 확인 및 분석
- ■ 스케치 진행

논문작성에서 기본설계란 논리를 세우는 시기이다. 어떤 문제를 제기하고 무엇을 주장할지, 그리고 그 근거는 무엇인지, 문제제기 → 주장 → 근거라는 논리구성에 독창성이 요구된다. 설계나 논문도 이 기본설계는 매우 중요하다.

Step 4 실시설계 ■■■■

기본설계 다음은 실시설계이다. 기본설계도를 근거로 평면상세도, 부분상세도, 표준시방서, 전개도, 설비도(전기 · 기계 · 위생 · 공조), 구조도면, 외관입면도 등을 제작한다. 한편 논문에서의 실시설계란 개요를 작성하고 논문을 집필하는 것이다.

설계의 경우 상세 부분 등에 독창성이 요구되기도 하지만 표준설계에 따르는 것이 일반적이다. 논문도 동일하게 형식을 지키며 각주, 그림, 참고문헌, 보조자료를 정리해간다. 소설과 달리 문장형식에서 독창성은 요구되지 않는다.

Step 3 기본설계

논 문
- ■ 논리 설정
- ■ 논문구조 구성
- ■ 참고문헌 리스트 작성
- ■ 서론 쓰기

설 계
- ■ 기본설계도 작성
- ■ 법규 (단체규정) 확인
- ■ 1차 견적서 작성
- ■ 확인 신청용 도면제작

설계를 진행할 때 건축주나 시공자에게 피드백을 받아 다시 한 번 검토한다. 논문작성에서는 제3자에 의한 논문 취지 확인과 교정작업이 필요하다.

Step 5 프레젠테이션

건축설계에서 프레젠테이션은 크게 3가지가 있다. 클라이언트에게 발표하고 공공행정에게 발표하며 사무소에서 내부적으로 발표하는 것을 말한다. 각각 그 목적과 내용은 다르지만 구상, 조사 · 계획, 기본설계, 실시설계의 각 단계에서 진행된다.

그 중에서도 클라이언트에 대한 설명은 가장 중요하다. 클라이언트는 아직 실체가 없는 것에 전재산을 걸지 않으면 안 되기 때문에 매우 불안해한다. 건축가는 전문가로서 충분한 설명을 해야 할 책임과 클라이언트와 함께 건축을 만들어간다는 자세를 표현할 필요가 있다.

Step 4 실시설계

논 문
- ■ 개요 작성
- ■ 본론, 결론 쓰기
- ■ 각주, 도표 정리
- ■ 교정

설 계
- ■ 상세설계도 제작(부분상세도면, 표준시방서, 전개도, 가구도면, 설비도면, 구조도면, 외관입면도 등)
- ■ 견적서 작성

건축확인신청시에는 창구에서 프로젝트 설명을 해야 한다. 규모가 클수록 확인신청 전에 행정과의 타협도 필요하고, 또한 사무소에서의 발표도 매우 중요하다. 설계프로세스 중에는 소장 또는 상사나 동료에게 프레젠테이션이나 토론이 빈번하게 진행된다. 클라이언트를 설득하기 전에 우선 사무소 내부를 설득할 필요가 있다. 그렇다! 건축은 매우 엄하다.

논문 프레젠테이션은 어떤가? 클라이언트에 해당하는 것이 대학 같은 연구 · 교육기관이다. 졸업논문 발표회 등이 중요한 프레젠테이션 장소가 된다. 또한 연구내용에 따라 그 외의 사람들에게도 설명이나 인터뷰 등이 필요한 경우도 있다. 그 전까지는 지도교수에게 발표하거나 연구실에서의 토론이 일상적으로 진행된다.

이와 같이 건축설계와 논문작성 과정은 많은 공통점을 발견할 수 있다. 다시 한 번 말하자면 논문은 디자인이다.

Step 5 프레젠테이션

논 문
- 졸업논문심사, 학회학술발표대회 발표
- 교수에게 설명, 연구실 토론
- 출판

설 계
- 클라이언트에게 설명
- 공공행정에게 설명(건축확인 신청 등)
- 상사 또는 동료 등 사무소 내부에서의 설명, 토론

Step 1

구 상

스케치 노트를 만들다

여러분은 르 코르뷔지에(Le Corbusier)가 남긴 스케치북을 본 적이 있는지 그가 아직 유명인이 되기 전 「동방 여행」이란 제목으로 중동, 그리스, 이탈리아를 순회하는 연구여행을 경험한 기록이다. 여행시 가지고 다닐 수 있을 정도의 크기로 검정색 표지에 엷은 사선이 들어가 있는 스케치북에는 수채화로 건물이나 풍경의 수채화와 그 외에 배치도, 평면도, 단면도 등이 굵은연필로 그려져 있다. 그리고 무엇보다 놀라운 것은 다른 사람이 전혀 읽을 수 없을 정도의 글로 프랑스어 문장이 빼곡하게 쓰여있는 것이다. 바로 르 코르뷔지에가 건물, 풍경, 공간을 스케치하고 그리고 거기에 배치, 평면, 단면을 전개하고 자신이 느낀 인상, 문제점, 재료 등을 메모했던 것이다(또한 친구와 여행에서 만났던 사람들, 건물 이외의 것들이 적혀 있다. 건축설계에는 이와 같은 일상생활에 대한 주의도 필요하다). 이런 작업이 르 코르뷔지에의 사고(思考)를 만들고 있는 것이다. 사물을 보는 것만이 아닌 디자인에 있어서 스케치와 언어, 문장에 의한 언어설명의 중요함을 인식하고 있었던 것이다. 따라서 그의 작품분석을 위해서는 이러한 초기의 스케치나 언어설명이 지금까지 연구대상이 되고 있다.

설계하는 입장에서 건물이나 풍경을 스케치하는 것은 스포츠에서 말하는 준비운동과 같은 것이 아닐까? 육상이든 야구이든 갑자기 달리거나 공을 던지면 신체가 어떻게 되는지 알고 있을 것이다. 근육이나 관절을 서서히 풀어가면서 뇌로부터의 신호와 신체 동작을 연결시키는 것이 필요하다. 내가 설계사무소에 근무할 때는 프로젝트를 시작한기 전에 가능한 건축을 보러 나가서 많은 스케치를 하곤 했다. 그렇게 함으로써 설계를 발전시키는 밑그림에 필요한 손의 움직임이 유연해짐을 실감했다.

이러한 스케치는 논문을 쓸 준비운동으로서 매우 유효하다. 여러분들도 우선, 논문작성용 노트나 스케치북(본 책에서는 스케치 노트로 함)을 준비해야 한다. 대학노트라도 좋고, 흔히 사용하는 많은 B5 크기의 스케치북이라도 좋다. 아니면 이면지를 사용해도 좋다. 내가 수년 전부터 애용하고 있는 것은 최근 일본 문구점에서 흔히 찾아볼 수 있는 이탈리아 모래

스킨회사의 제품이다. 르 코르뷔지에의 스케치북처럼 검정색 하드커버 표지로 여러 종류가 있으며 고무끈으로 묶을 수 있게 되어 있다. 내가 사용하고 있는 것은 주머니에 들어갈 정도의 사이즈이다. 휴대가 간편하고 일상의 아이디어를 메모하거나 스케치할 수 있기 때문이다. 가운데가 링으로 고정되어 있지 않기 때문에 좌우양면으로 끊어지지 않고 스케치할 수 있다. 단지, 초보자가 이런 컴팩트한 사이즈를 사용하기에는 어려울 수도 있다. 스케치가 숙달되면 보는 각도도 넓어지고 자유롭게 바꿔가면서 작은 화면에 그릴 수 있지만, 초기에는 잘 안 되는 경우가 많다.

우려되는 것은 무엇이든 어떤 곳이든 모두 스케치에 기록하는 것이다. 대략 스케치하는 것이 아니라 메모하듯이 그리는 것이 중요하다. 그리고 반드시 날짜를 기입한다. 이것이 없으면 후에 자신이 생각한 프로세스를 추정할 수 없게 된다. 학생들 중에는 체력이 없어서 그런지 땅에 주저앉아 그리는 사람을 볼 수 있으나, 확실하게 양다리를 벌리고 서 있지 않으면 상반신이 자유롭지 않게 된다. 르 코르뷔지에와 그의 제자인 요시자카 타카마사(吉阪陸正)의 스케치하는 모습을 찍은 사진을 보면 모두 직립 자세이다.

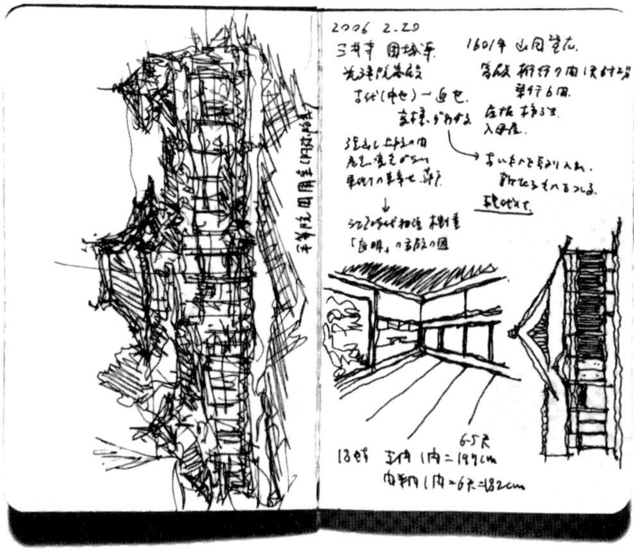

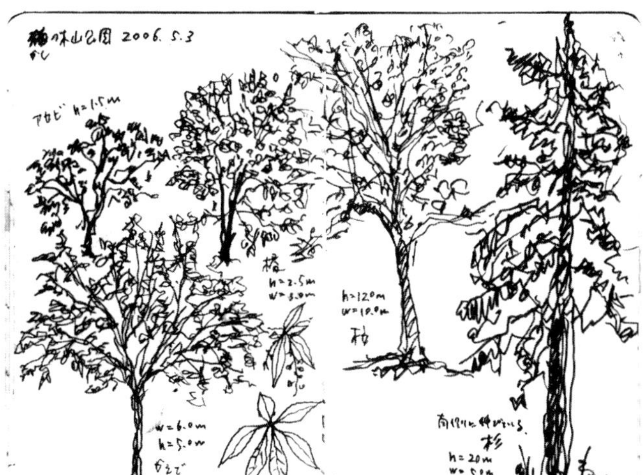

나의 스케치 중에서

연구할
마음의 준비를 갖는다

소속 연구실이 결정되면 무엇을 하면 좋을까? 우선 자신이 무엇에 관심을 갖고 있는지 찾아내는 것이 필요하다. 3년간 건축학과에서 건축을 공부하고 도대체 무엇이 재미있고, 무엇이 의문인지 생각해 봤는가? 밤을 새는 것은 괴롭지만 자신의 생각이 공간이나 형태로 만들어지는 것이 재미있고, 계산은 어렵지만 안전한 구조체란 어떤 것인지 관심 있으며, 더운 여름철 냉방 없는 교실에서 공부하지만 완벽한 수동적인 공조(空調)는 가능한지 연구해보고 싶은, 새로운 것을 만들어내는 것이 즐겁지만 역사적인 건물이나 지금 사용하고 있는 건축을 활용하는 설계를 할 수 있는지 등 자신의 학교생활을 뒤돌아보면서 자문해 보는 것이 어떨지? 또 수강한 수업 노트를 참고해 보는 것도 좋을 것이다. 짧은 시간에 끝나는 경우도 있지만 하루, 이틀, 일주일, 경우에 따라서는 수주일 계속 걸릴 수도 있다. 중요한 것은 이러한 스스로의 자문을 계속하는 것과 이를 스케치 노트에 기록하는 것이다.

모든 연구실에서는 졸업연구가 4학년이 돼서야 시작되는데 늦은감이 있으므로 가능한 4학년이 되자마자 대략적인 연구방향이나 자신의 관심사를 결정하는 것이 좋다. 예를 들면 우리 연구실에서는 시작 전 연구로 새해에 들어오는 세미나 학생을 대상으로 2월, 3월의 봄방학 기간에 과제를 부여하고 근현대건축과 관련한 기본지식과 논문작성법에 대하여 몇 권의 책을 공부하게 한다. 근대건축에 관해서는 교과서로 충분하다. 즉 하츠다 도오루(初田亨), 오오카와 미츠오(大川三雄), 요시다 코이치(吉田鋼市), 가와무카이 마사토(川向正人) 공저의 「도설 근대건축의 계보」(창국사출판), 나와 동년배 연구자인 야시로 마사키(矢代眞己), 타도코로 시노스케(田所辰之助) 공저의 「20세기 공간 디자인」(창국사출판)의 책을 추천하고 또한 논문 집필과 관련해서는 최근에 새로운 책을 많이 볼 수 있으며 과학철학을 전공으로 한 토다야마 카즈히사(戸田山和久)의 「논문교실」(일본방송출판협회)을 추천한다. 논문작성에 필요한 논리구성을 알기 쉽게 설명하고 있는 우수한 저서로서 본 책이 이 저서에서 많은 영향을 받았다.

나는 학생들에게 시작 전 연구의 학습기록을 스케치 노트에 쓰게 하고 4월 첫 번째 세미나에 제출할 것을 의무화하고 있다. 사실, 내 자신도 잊고 있었던 일이지만 내가 대학 4학년 때 주제 선택하기까지의 기록을 적은 연구 노트가 이사를 위해 정리하던 중 여러 자료 안에서 발견되어, 당시 내 자신이 어떤 문제의식을 갖고 있었는지 알 수 있었다. 논문이던 설계이던 연구에 대한 사고과정을 기록하는 것이 얼마나 필요한 것인지 연구자였던 아버지로부터 배우게 되었던 것 같다. 단순히 책 내용을 노트에 옮길 뿐인데라고 가볍게 생각하지만 여기에는 다음의 유효한 점이 있다고 생각한다.

앞에서 열거한 근대건축에 관한 저서는 연대 순으로 쓰여져 있고 건축작품이나 사고(思考)의 흐름을 파악할 수 있다. 저자인 근대건축사 연구자는 어떤 시점에서 어떻게 항목을 발췌한 것일까를 간단하게 알 수 있다. 특히 「20세기 공간 디자인」에서는 각 항목이 매트릭스를 구성하고 있으며, 관련 키워드를 연결시켜 놓고, 참고문헌도 상세하게 소개하고 있다. 이와 같은 검색기능을 활용하여 책읽는 연습을 할 수 있다.

또는 지적할 만한 것은 아니지만 과제를 받기 전에 지도를 받고자 하는 교수의 저서, 논문을 읽거나 작품 하나라도 보러간다. 이는 졸업연구를 시작하는 최저 조건의 자세이기도 하고 에티켓이기도 하다.

선행조사

나의 연구실 소속이 결정된 학생에게는 세미나가 시작하기 전에 다음의 작업을 하도록 지도한다.

■ 선행 조사 ①

근현대건축사 리뷰. 학부생은 1 이외에 관심 있는 것을 1권, 대학원생은 1, 2 이외에 2권을 선택하여 스케치 노트에 학습기록하고 4월 첫 세미나에 제출한다.

1. 토다야마 카즈히사(戸田山和久), 「논문교실」, 일본방송출판회, 2002.
2. 야노 시게키(矢野茂樹), 「논리 훈련 101가지」, 산업도서, 2001.
3. 후지모리 테루노부(藤森照信), 「일본근대건축(상, 하)」, 이와나미신서, 1993.
4. 야츠카 하지메(八束はじめ), 「사상으로서의 일본근대건축」, 이와나미신서, 2005.
5. 하세가와 타카시(長谷川堯), 「신전인가 옥사인가」, 카지마출판회, 2007.
6. 야츠카 하지메(八束はじめ), 「근대건축의 아폴리아」, PARCO출판, 1986.
7. Kenneth Frampton, 「현대건축사」, 나카무라 토시오(中村敏男) 역, 세이도사, 2003.
8. William Mitchell, 「건축의 형태언어」, 나카쿠라 타케히코(長倉威彦) 역, 카지마출판회 1991.
9. 히라오 카즈히로(平尾和洋)+스에카네 신고(末包伸吾) 편저, 「그리스도 건축의장」, 가쿠게이출판사, 2006.
10. 야마구치 히로시(山口廣), 「해설 근대건축사 연표 1750~1959」, 건축저널리즘연구소, 1968.

■ 선행 조사 ②

일본 및 외국에서 1920~1970년대에 준공한 모더니즘 건축 5개(공장, 산업건축 1개 필수 포함)를 다음의 평가기준에 따라 선정하고 그 이유와 건축개요를 A2 크기의 용지에 정리하여 첫 세미나에서 발표한다.

1. DOCOMOMO에 의해 이미 선정된 것 이외의 것.
2. 혁신적인 기술 및 심미성(審美性)을 갖는 것.
3. 사회개혁적인 내용을 갖는 것.
4. 역사적 또는 지역적인 가치를 갖고 존속하기 어려운 것.

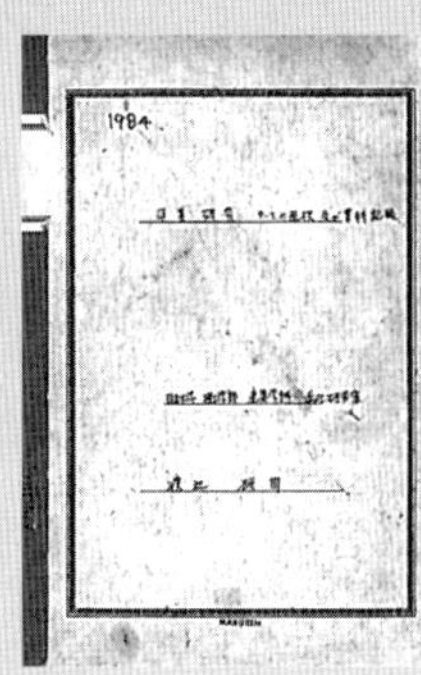

학생시절 작성한 노트

책에서
정보를 얻는다

최근 학생들은 책을 읽지 않는다. 라는 말을 많이 듣고 있다. 학기 초 교과서 판매코너나 잡지코너를 제외하면 대학서적판매소가 학생들로 북적거리는 모습을 볼 수 없다. 그럼에도 불구하고 나는 첫 수업에 강의내용과 관련한 참고문헌을 반드시 4, 5권 소개하고 있다. 내가 유학시절 경험했듯이 강의 1, 2주일 전에 참고문헌을 의무적으로 읽게 해야 하지만, 아무 것도 안 하는 것보다는 나을거라는 생각으로 계속 읽게 한다. 그러는 나도 책을 본격적으로 읽기 시작한 것은 대학을 들어오고부터이다. 이전에는 클럽활동에 열중했고 거의 독서다운 독서는 하지 않았다. 대학을 들어와 건축에 재미를 느끼고 대학 근처 신보쵸(神保町)의 고서점에서 옛날 잡지나 책을 경쟁하듯 구매하던 친구가 있어, 책읽기가 좋아진 이유이다. 나의 경우 건축 정보수집은 역시 도서관보다는 고서점이나 대형서점이고 이런 습관이 지금까지도 계속되고 있다.

이 또한 스승으로부터 배운 것으로 책구입은 미래에 대한 투자라는 생각으로 도서관에서 빌리는 것보다는 생활비를 아껴서라도 구입하고 있다. 그리고 스승님의 좌우명으로 우리들에게 하신 말 또한, 건축 정보수집을 하는데 중요하다고 생각하여 다음과 같이 소개한다. 이는 미국 건축역사가 · 교육자인 터핀 바니스터(Turpin Bannister)의 말로서 건축가가 역사를 배우는 이유를 말하고 있다.

a) 역사는, 건축가의 연구실이다.
b) 역사는, 사회기반이 되는 기술을 천천히, 그리고 풍요롭게 하는 역할을 갖는다.
c) 역사는, 지식과 견해를 넓혀준다.
d) 역사는, 건축가를 위대한 일로 이끈다.
e) 역사는, 건축가에게 깊이를 부여한다.

어떻습니까? 정말 함축성 있는 말이지 않습니까?

영국 유학시절 스승인 로이스턴 런더우(Royston Landau) 교수의 자택에서 지도를 몇 번인가 받은 적이 있다. 당시 근처에 야오한이라는 일본계 슈퍼에서 교수님이 좋아하시는 초밥을 선물로 사가서 함께 먹은 적도 있다. 교수님댁의 거실은 한쪽 공간 전체가 책선반으로 자신의 연구와 지금까지 모은 책과 자료들로 꽉 채워져 있었다. 그리고 내가 하는 것마다 책선반에서 책이나 자료를 꺼내 '그건 이 책에 쓰여져 있다', '그건 이 책

에 있는 그림이다.' 라고 설명해 주었다. 건축역사가이면서 나의 박사논문 주 심사를 해 주신 스즈키 히로유키(鈴木博之) 선생님이 1970년대에 번역한 로이스턴 런더우 교수의 저서 「영국 건축의 새로운 경향」(카지마출판)을 꺼내며, '이 옮긴이가 옮긴이 후기에 뭐라고 썼지?' 라고 자꾸 물어보곤 했다. 어쨌든 그곳에서 지냈던 공간과 시간이야말로 건축가의 연구실이라 생각한다.

연구실의 책장

서점을
이용한다

웹 시대에 대응한 새로운 서점 제안을 설계과제로 한 적이 있다. 이는 학생이 생각하는 서점에 대한 이미지를 파악하는데 유효했다. 지도해보니 예상한 대로 학생들 대부분은 서점에 가지 않았음을 알 수 있었다. 책이 어떻게 편집되고 인쇄되어 서점으로 나오게 되는지 전혀 모르고 있다는 것을 알게 되었다.

사실, 책이 어떻게 탄생하는지 그 시스템을 아는 것이 설계에도 논문작성에도 의외로 중요하다고 생각하고 있다. 편집 개념을 전개하고 있는 지식의 거장인 마츠오카 세이코(松岡正剛)에 의하면 편집이란 행위는 인간의 모든 지(知) 프로세스와 관계 있다고 한다. 건축가에게 있어서 설계행위란 공간과 기능을 편집하는 것이라 할 수 있다. 책, 인쇄, 편집이란 말은 서양문명이 만들어 놓은 건축과 비교하여 뒤떨어지지 않는다. 오히려 건축과 서로 통하는 심오한 세계가 내포되어 있다. 그렇다면 논문 주제를 찾기 위해 구체적으로 서점을 어떻게 이용하는 것이 좋을까. 여기에는 특히 대형서점과 고서점의 이용방법에 대해 나의 경험을 바탕으로 소개하고자 한다.

거의 10년 전부터 인터넷을 사용하는 환경이 조성되면서 거의 모든 학생은 자신의 컴퓨터를 갖고 여러 가지 정보를 얻고 있다. 사실, 학생이 제출한 리포트 과제의 참고문헌에는 URL만을 기재한 것이 많아져 고심하는 교수들도 있고, URL을 참고문헌으로 못하게 하는 교수도 있을 것이다. 나도 원칙적으로 금지하고 있다. 단지, 책을 검색하는데 옛날보다는 지금이 훨씬 향상되었다. 이는 컴퓨터의 능력을 최대한 활용한 정보수집 방법이라고 생각한다.

신간 저서이든 절판된 고서적이든, 국내판이든 국외판이든 「amazon」의 검색시스템에서 조사해보면 정보를 바로 얻을 수 있다. 책에 따라서는 목차와 간단한 서평까지 소개되어 있다. 또한 검색란에서는 사용자가 관심을 가질 만한 분야(나의 경우 근대건축과 건축역사 등)를 수시로 알려주기도 하고 주문하면 배송이 무료가 되기도 한다.

또한 고서점이 공개하고 있는 몇몇 검색 사이트도 있는데, 나 자신도 지금까지 찾지 못했던 고서를 매우 쉽게 간단히 입수한 경우도 있다. 특히 해외 고서를 취급하는 'AbeBooks.com'은 인터넷의 위대함을 느끼게 한다. 예를 들면, 나의 연구 분야인 1930년대 영국의 근대건축운동에 관한 것으로 런던의 RIBA(왕립 영국건축가협회)의 도서관에서만 관람할 수 있었던 1938년 간행된 MARS그룹(CIAM 영국 지부)의 신건축전람회 카탈로그를 약 30파운드에 구입했다. 그러나 인터넷이라는 편리성에는 학생과 젊은 연구자에게 있어서 2가지 약점이 있다고 생각한다. 첫 번째는 편리하지만 정보의 오리지널이 부족하다는 것이다. 인터넷 검색을 통한 정보를 적당히 복사(copy), 그리고(and) 붙이는(past) (C&P)형식으로 만들어진 리포트에는 재미있게도 동일한 인용과 문장, 그림이 사용되고 있어 어떤 의미에서는 리포트 채점이 매우 쉬워진다.

이는 즐겁기보다는 매우 곤란하게 만든다. 즉 인터넷 검색 시스템의 편리함에 대한 곤란이 아닌 리포트 또는 논문을 C&P로 작성할 수 있다는 잘못된 편리성에 대한 난처함이다. 인터넷 검색으로 입수한 정보를 논문에 활용하기 위해서는 확실한 상상력과 선별 능력, 차별화 능력이 필요하고 이러한 것들이 없으면 방대한 정보에 묻혀 버리기 때문이다.

두 번째는 인터넷에 의한 정보입수는 구체화 과정이 없어진다는 것이다. 반드시 필요한 책이나 잡지, 그리고 연구자료는 발품을 팔아 스스로 서점에 가서 책을 집어 들고 책의 감촉을 확인하지 않으면 얻을 수 없다는 것이 나의 경험으로부터 생겨난 신념이다. 즉 자신의 손으로 직접 책과 자료와의 만남이 이루어지고 있는가? 하는 것이다. 유학 때 3일간 연속해서 RIBA도서관 별관 자료실에 틀어박혀 자료와 씨름한 경험이 있으나, 그때는 복사도 할 수 없었기 때문에 오로지 손으로 직접 써서 정보를 베꼈다. 이처럼 신체라는 필터를 거쳐 입수한 정보는 이상하게도 뇌(腦)에서 검색이 매우 쉬워지게 되었다.

최근 뇌 연구에서도 활발하게 언급되고 있듯이, 바로 필요하지 않은 이외의 것, 즉 직접적으로는 관계 없을 듯한 정보가 우유성(偶有性, 필연과 우연의 중간)에 의해 본인의 의사와는 상관 없이 연결되는 경우가 있다. 이것은 과학의 중요한 발견에서 종종 나타나는 세렌디피티(serendipity)라고 하는 현상이다. 나도 몇 차례 고서점에서 책을 찾고 있을 때 뭔가 마음에 들어 구입한 책이 연구와 결부되는 경험을 했다.

대형서점의 좋은 점은 최근의 정보수집이 종합적으로 이루어질 수 있다는 것이다. 나는 대형서점에 갈 때 건축과는 다른 분야인 인문사회(역사, 철학) 분야와 과학(수학, 물리, 생물) 분야를 반드시 둘러보고 있다. 이는 도서관에서 읽기 위한 책선반만이 아닌 상하좌우를 주변을 포함해 열람하는 행위와 비슷하다. 런던대학 코털드 미술연구소(Courtauld Institute of Art Gallery) 연구원은 같은 대학에 있는 워벅 연구소(The Warburg Institute)의 부속도서관 자료를 보는 것부터 연구를 시작한다는 말을 들은 적이 있다.

서평을
활용한다

책을 읽으라고 권해도 아르바이트와 취업활동으로 시간이 없는(?) 학생에게는 괴롭다. 그래서 책 내용을 빨리 알 수 있는 방법으로 서평 활용을 권한다.

매주 일요일 일간지에는 반드시 서평란이 있다. 서평위원 중에는 건축 전문가가 있는 신문도 있다. 건축이나 도시에 관한 책이 많이 취급되는 경우도 있어 반드시 훑어보는 것이 좋다. 신문을 구독하기 어려울 때는 대학이나 근처 도서관을 이용해도 된다.

서평의 장점은 책을 읽기 전에 어떤 내용인지를 대략 알 수 있다는 점이고, 읽은 후에도 좋은데 자신의 시점과 다름을 알게 된다. 개략적인 것보다는 서평가의 눈을 통해서이지만 주제의 배경이나 의의 등을 알 수 있다. 물론 그러한 서평을 전적으로 신뢰하기 보다는 어디까지나 제3자(해당 분야의 전문가)가 소개하는 것에 불과함을 숙지하길 바란다.

효율적인 서평을 보려면, 서평 전문지를 읽는 방법이 있다. 나는 유학시절부터 시작했지만, 유럽에서는 「London Review of Book」과 「The New York Review of Book」을 읽는 것이 지식인의 상식으로 되어 있다. 일본에도 훌륭한 서평지가 있다. 그 중에서 내가 구독하고 있는 「주간독서인(週刊讀書人)」은 1면과 2면을 매회 특집으로 구성하여 토픽성을 갖고 학술사상, 문학예술 분야에서의 화제작을 소개하고 있다. 유학 중에도 항공편보다는 느리고 배편보다는 빠른 SAL편을 이용하여 일본에서 출판되는 책 정보를 알 수 있었다.

일간지의 서평란이나 서평 전문지를 보는 것조차 흥미 없어 하는 사람은 연구를 해서는 안 된다고 말하고 싶지만, 나의 세미나생 중에도 이에 못지 않는 비슷한 경향을 볼 수 있어서 이러한 학생에게는 건축 · 도시에 관한 책을 소개한 책 읽기를 권하고 있다. 이가라시 타로(五十嵐太郎)가 편집하고 많은 건축가와 연구가들이 집필한 「건축의 서책/도시의 서책」(INAX출판)이 있다. 동서고금의 건축을 공부하는데 있어서 중요하게 다루고 있는 작가와 작품내용을 소개하고 있기 때문에 갑자기 어려운 책을 읽기보다는 전체를 알 수 있고 시간적으로 효율성이 높다고 할 수 있다. 그러나 연구의 본질은 반드시 원작을 읽어야 함을 잊어서는 안 된다.

고서적 수집의 일부. 대부분 고서점에서 만난 것들이며 인터넷에서 발견한 것들도 있다.

근대건축사 · 건축론 졸업논문 주제 키워드 30

주제선정을 위해 내가 학생에게 소개하는 키워드(2007년)

1. AA스쿨 (영국 건축학교)
2. Architectural Review (영국 건축잡지)
3. Reyner Banham (건축사가, 건축평론가)
4. Archigram (영국 건축가 그룹)
5. Cedric Price (영국 건축가)
6. A&P. Smithson (영국 건축가 부부)
7. Sir James Frazer Stirling (영국 건축가)
8. Independent Group (영국 예술가 그룹)
9. 건축의 포스트 모더니즘 (건축에 관한 사상 개념)
10. Charles Jenks (건축평론가)
11. 모즈나 키코(毛綱毅曠) (일본 건축가)
12. Nikolas Pevsner (영국 건축사가)
13. Picturesque와 근대건축 (건축에 관한 사상 개념)
14. New brutalism (건축에 관한 사상 개념)
15. 신경험주의와 근대건축 (건축에 관한 사상 개념)
16. 런던 지하철의 디자인 (영국 공공디자인)
17. LCC에 의한 런던계획 (전쟁 중의 영국 도시계획)
18. Isokon Chair (영국 가구)
19. Steel Pipe Chair (전쟁 전 유럽 건축가에 의한 가구)
20. Client와 근대건축(근대건축의 공공성과 후원자)
21. George Katsutoshi Nakashima (재미 일본인 실내디자이너, 건축가)
22. OMEGA 공방 (1910년대 설립 영국디자인 공방)
23. Charlotte Perriand (프랑스 실내디자이너, 건축가)
24. Antonin Raymond (미국, 일본 건축가)
25. Chandigarh (인도 근대도시)
26. Vernacular와 근대건축 (건축에 관한 사상 개념)
27. 군(群)으로의 보존 (도코모모에 의한 근대건축보존 개념)
28. Royal Festival Hall (런던 콘서트 홀)
29. Ove Arup (영국 구조가)
30. 베니스 비엔날레 (건축 전람회)

어학을 습득한다

원작 읽기가 연구의 본질이라면, 원작이 외국어인 경우 당연히 그 언어를 이해할 필요가 있다. 그러나 해외생활 경험이 있는 사람을 제외하고는 보통 일본 대학생이 어학을 습득하기 위해서 노력이 필요하다. 외국어(영어)는 중 · 고등학교 6년간 공부했음에도 불구하고 능숙하게 구사하는 경우는 많지 않다. 여기에는 시험을 위한 학습방법에 문제가 있을지도 모른다. 일상회화를 제대로 습득하고 싶다면 몇 년간 그 나라에서 생활하는 것이 가장 좋은 방법이라 생각한다.

그렇다면 연구를 위해 어떻게 어학을 습득하면 좋을까? 방법이 따로 있는것이 아니라 자신에게 맞는 방법을 찾아 실행하는 수밖에 없다. 어학연구자에 의하면 수험공부를 위한 문법 중심의 독해력을 높이는 방법이 일본인에게는 가장 적절하다고 한다. 나도 이에 찬성하는 편이다. 최근에는 일본어를 이상하게 말하는 학생(유학생보다 더 심한 경우)도 많다. 이런 학생은 책을 읽어도 논문을 차분하게 쓸 수 없게 된다. 어느 언어이든지 우선 그 언어의 문법 · 구조를 이해하는 것이 중요하다. 그리고 최소한 단어를 외움과 동시에 비교적 짧은 문장이라도 몇 번이고 말하거나 노트에 써봄으로써 귀와 손에 익히는 것이 좋다. 가장 중요한 것은 '끈기 있게 계속 하는 것이 힘이 되는것' 처럼 훈련을 매일 5분, 10분이라도 좋으니 계속하는 것이다. 다시 말해서 뇌의 어딘가로 끊임없이 영어나 불어 등 외국어 정보를 계속 보내는 것이다.

유학 때 영어에 집중하다보면 영어로 말하는 꿈을 꾸거나 영어로 잠꼬대를 한다고 한다. 잠꼬대는 경험한 적이 없지만 꿈은 몇 번이나 꾼 적이 있다. 아마도 영어가 뇌의 어딘가에 침투되어 쌓여져가고 있다는 표시일지도 모른다.

나의 연구실에서는 대학원 진학을 희망하는 세미나 학생을 중심으로 봄학기 동안 매주 1회 정도 영어 교육을 실시하고 있다. 이는 단순히 시험준비를 위한 것이 아니라 영어문헌의 읽기 방법과 논문 쓰기 방법을 통하여 사물을 논리적으로 생각하고 표현하는 훈련을 겸하고 있다. 서양문화에서는 논리적으로 사물을 생각한다는 사상 자체를 일본인이 생각하는 그 이상으로 중요하게 다루고 있다. 많은 철학자들이 자신의 저서에서 건축이라는 언어를 형식, 원리, 구조, 논리, 제도 등의 은유로서 사용하고 있음을 알 수 있다. 데카르트의 「방법서설(方法序說)」, 칸트의 「순수이성비판」 등을 읽어보길 바란다. 영문학자이자 자칭 초인이라는 다카야마 히로시(高山宏)의 사고건축(思考建築, 종이 위의 건축)론을 읽어보면, 얼마나 건축이 서양문화의 지성(知性)과 관련되어 있는지 알 수 있을 것이다.

즉 '머리말'에서 말했듯이 논문을 쓴다는 것은 자신의 주장이나 근거를 정해진 구조에 따라 형식을 지켜가며 적절한 언어를 사용하여 표현하는 것이다. 어학을 습득하는 것은 언어가 갖는 문법 · 구조에 따라 그것도 적절한 언어를 사용하여 말하는 것이다. 설계에서는 구조형식의 시나리오에 따라 적절한 재료를 사용하여 도면으로 표현해야 한다(역사적인 건축이라면 문화적인 문법이라 할 수 있는 양식에 따른다). 논문작성, 어학습

AA스쿨의 연구발표회 모습

듯, 설계에는 '논리에 따른다' 라는 공통점을 발견할 수 있다.

나의 스승의 스승님은 제2차 세계대전 전부터 그 이후에 이르기까지의 건축 3부작이라고 불리는 저서를 독일어로 집필하고 있었다고 한다. 당시에는 유일하게 외국어로 읽을 수 있는 일본건축, 정원에 관한 저서였다고 한다. 이는 독일어로 쓴 책으로, 일본어와 영어로도 번역되었다. 요시다 데츠로(吉田鉄郎)는 건축가의 자질로 어학적 재능이 필요하다고 생각하고 그것을 독일어, 불어, 영어 순으로 이해할 수 있어야 한다고 말했다고 한다. 요시다 데츠로의 설계작품인 '동경중앙우체국(1931년)' 과 '오사카중앙우체국(1939년)' 등 빈틈없는 건축을 보면, 엄격한 문법을 갖는 독일어 구조가 생각나는 것은 이와 같은 이유일지도 모른다.

주제를 찾는다

대학 4학년생을 담당하는 교수의 고민은 취업문제가 아니라 각자 학생에게 맞는 졸업연구(설계, 논문) 주제를 무엇으로 할지가 고민이다. 물론 구조역학이나 재료공학 등 공학계열의 연구실에서는 학생 스스로 테마를 찾는다는 것은 거의 100% 무리이기 때문에 교수의 연구 주제에 따라서 또는 그 일부를 진행하는 것으로 결정한다. 이에 비하면 내가 담당하는 역사 · 의장 계열의 연구실에서는 건축학과에서도 학생들이 비교적 자유롭게 주제를 선택한다고 할 수 있다. 그렇다고 해서 4학년생한테 주제를 찾아 졸업논문 또는 졸업설계로 6개월만에 정리하게 하는 것은 매우 힘든과정이다. 더욱이 지금까지의 논문, 설계에는 없는 학생 독자적인 독창성을 요구하는 것 또한 불가능한 일이다.

그래서 적절한 중간적인 조치로 나의 연구실에서는 나의 연구영역과 관련한 몇 가지 키워드를 학생들에게 제공하고 그 중에서 주제를 선택하게 하고 있다(P.67). 학생의 자주성이 결여될 수 있으나, 희망하는 연구실을 선택한 이후부터 어떤 연구를 할지는 대략 학생 자신도 이해하고 있을 것이다. 키워드부터 초점을 맞춰가면서 문제제기, 논증하게 함으로써 학생의 독창성을 찾아가는 것이 좋다.

주제 선정에 대해서는 서점에서 얻은 정보나 고민했던 것 등 스케치 노트에 기록한 키워드와 연계시켜가는 것이 중요하다. 처음에는 A3 종이 위에 키워드를 쓰고 이것들이 어떤 관계를 하고 있는지 도식화해보면 좋다. 이것은 KJ법이라는 발상법에서 사용되고 있는 브레인스토밍의 일종으로 많은 건축가들이 이용하고 있는 방법이기도 하다. 나의 경우, 스케치 노트에서 하거나 복사가 가능한 화이트 보드로 KJ법을 TPO에 맞게 사용하고 있다. 좋은 말로 말하면, 논문이나 설계 아이디어는 언제, 어디서 나타났다가 사라질지 모르기 때문이다. 그래서 언제나 꺼내 사용할 수 있는 스케치 노트가 필요하다. 차분하지 않은 학생을 개인지도할 때는 화이트 보드를 사용한다. 기록하는 습관을 기르기 위해 다소 고가이지만 보드 화면을 인쇄할 수 있기 때문에 좋다.

이외에도 여러 가지 발상법이 있으나 중요한 것은 아이디어를 가능하면 빨리 내고 얻게 하고 분류하지 않고 기록하는 것이다. 습관이 되면 기록과 동시에 분류할 수 있게 된다. 우선 어깨 힘을 빼고 긴장을 풀면서 될 수 있는 한 많은 키워드를 써내려가는 것이 중요하다. 건축가가 그린 첫

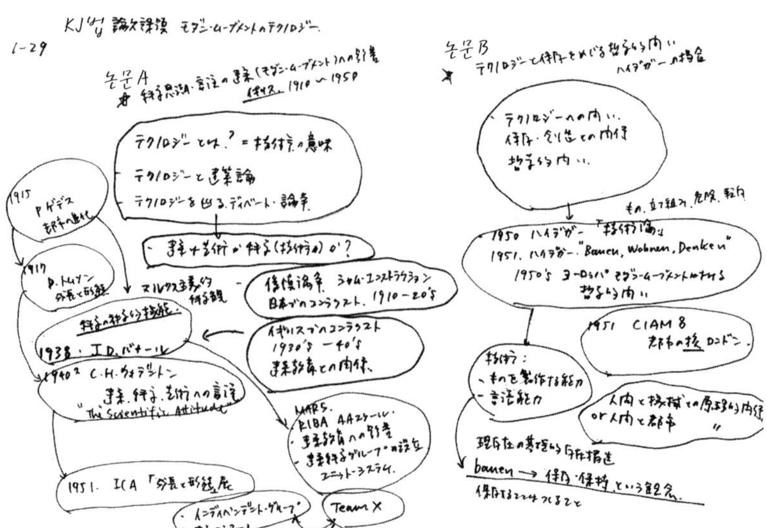

키워드를 쓰고 서로 관련시켜 가면서 머릿속에서 정리한다(KJ법).

번째 스케치는 확실한 선이 아닌 애매모호한 뭔가 자신 없는 듯한 드로잉을 볼 수 있는데, 아이디어 발상에는 신체를 편안하게 만드는 것이 중요함을 알 수 있을 것이다. 단, 뇌는 고속으로 회전시키지 않으면 안 된다. 그러기 위해서는 신체에 쓸데 없는 힘을 쓰지 않는 것이 중요하다.

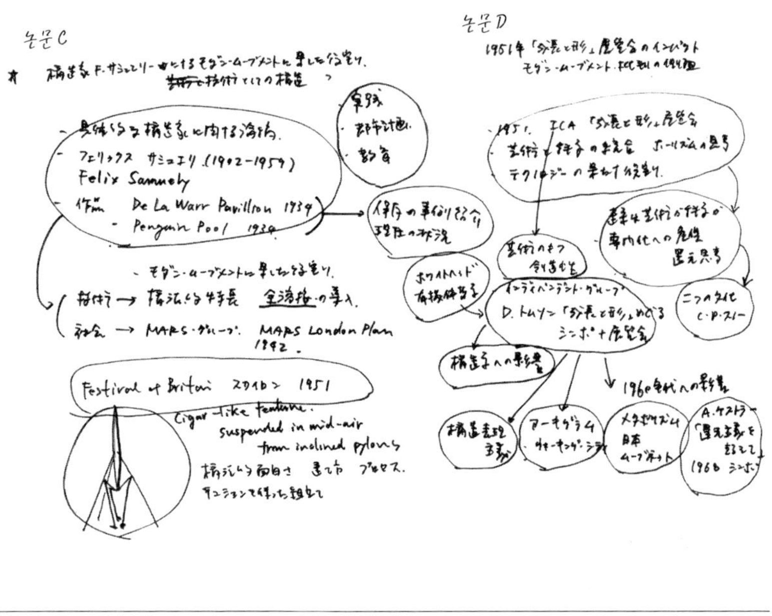

Step 2

조사 · 계획

필드워크한다

좋은 건축을 하기 위해서는 어떻게 해야 합니까? 그런 방법이 있다면 가르쳐 달라는 학생, 건축가, 현장감독, 건축과 관련한 모든 사람들에게 공통으로 말하고 싶은 것은 되도록 많은 좋은 건축을 보라는 것이다. 훌륭한 건축가가 될지 어떨지는 얼마나 많은 건축을 봤는지에 따라 달라질 수 있다. 건축역사가이면서 지금은 세계적인 건축가로서 활약하고 있는 후지모리 테루노부(藤森照信)가 본 건축은 어느 정도인지 여러분은 알고 있을 것이다. 또한, 르 코르뷔지에와 그를 동경한 안도 타다오(安藤忠雄)가 건축의 그랜드 투어 겸 필드워크(field work)를 했던 사실에서도 알 수 있다. 건축학과 학생이라면, 날씨가 좋으면 수업 받지 말고 건축을 보러 나가라고 하는 것은 분명 대학으로부터 비판을 받을 일이기 때문에 일반적으로 주말에 건축을 보러 가길 바란다.

사실 논문도 똑 같다. 좋다고 하는 논문이나 문장을 수없이 읽을 것, 다시 말해 논문 필드워크를 하는 것이 좋은 논문을 쓰는 지름길이라고 생각한다. 물론 논문을 쓰는데 문법 등 법칙을 준수할 필요는 있으나 이것은 어디까지나 기술(技術) 문제이다. 건축가를 꿈꾸는 당신, 도면선이 다소 지저분하고 CAD조작을 하지 못해도 걱정할 필요는 없다. 좋은 건축의 존재를 알고 있다면, 그것이야말로 기술습득보다 100배 중요하다.

그렇다면 논문의 필드워크란 어떻게 하면 좋을까? 일본건축학회가 발행하는 논문집에 게재된 논문을 읽는 것도 좋지만, 먼저 유명하고 정평이 있는 저서나 논문 읽기를 권한다.

연구실에서는 4월 세미나 학생들이 오면 봄 학기 전체를 논문 필드워크로 실시한다. 내가 전공으로 하는 근대건축사로 유명한 저서로는 예를 들면, 니콜라스 페브스너(Nicolaus Pevsner)의 「모던 디자인 전개」(미스즈 서점), 레이너 번햄(Peter Reyner Banham)의 「제1기계시대의 이론과 디자인」(카지마출판), 하세가와 타카시의 「신전인가 옥사인가」(카지마출판), 스즈키 히로유키의 「건축의 세기말」(쇼분샤출판) 등을 열거하고, 그 중에서 1장 또는 1절을 학생이 선택하여 읽게 한다. 이들 저서는 건축에서 말하면 유명한 건축물과 같은 것이다. 그리고 논문에서는 무엇을 주장하고 있으며, 그 근거가 되고 있는 것은 무엇인지, 어느 시대 배경을 기본으로 쓰고 있는지, 필자는 어떤 입장에 있는 것인지 등을 조사하게 한다.

이와 같이 좋은 논문은 어떤 것인지(유명하지만 이해하기 어려운 것도 있지만)를 경험하게 한다. 3학년을 대상으로 근현대건축사 강의에서 이와 같은 저서를 꼭 읽어야 하는 참고문헌으로 소개하고 있지만, 4학년이 되어도 읽은 적이 없다고 하는 학생들이 대부분이다. 그래서 집중강의 형식으로 근대건축사 연구세미나를 진행하고 저서들의 의미를 이해하게 하고 있다.

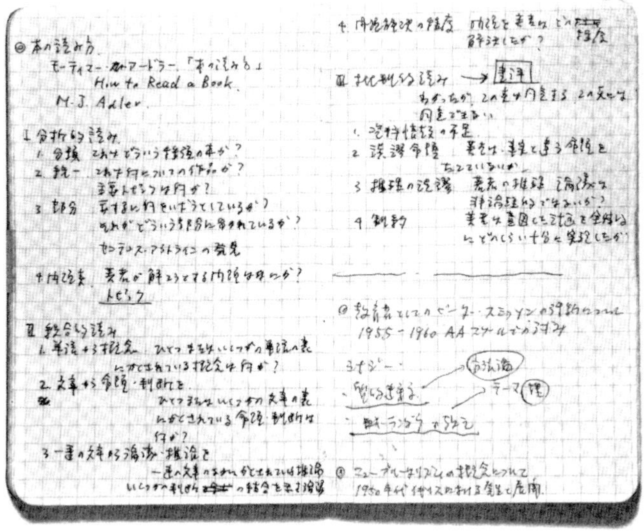

책을 읽으면서 그 내용을 스케치 노트에 메모한다.
(읽었던 책 : Martimer J. Adler, How to Read a Book, Touchstone Books, 1972)

라뚜렛 수도원 (리옹)에서의 스케치, 1995년 4월 8일

개요를 적어본다

학생에게 논문의 필드워크(field work) 결과를 A4 용지 1~2장으로 정리하게 한다. 이 목적은 논문과 동시에 제출하는 논문 개요를 정리하는 문서작성을 훈련시키는 것이다.

이 단계에서 문장을 쓰게 한다는 것이 좀 빠르다 생각하겠지만 대부분의 학생은 그동안 수업과제로 리포트(논문이 아니다!)를 쓴 경험이 있으나 잘 정리된 형식을 갖춰서 쓴 학생은 극히 드물다. 설계에서 우수한 성적을 얻은 학생조차도 설계 컨셉으로 무엇을 썼는지 모르는 경우가 많다.

형식을 지켜 정확한 문장을 쓰는 것은 설계나 논문 모두 자기표현의 기초이다. 이 기초가 없는 한 그 뒤의 발전은 기대할 수 없다. 설계, 논문 모두 계획의 초기 단계에서 한 번 정도는 자신의 생각이나 설계 컨셉을 눈에 보이는 형태로 정확하게 표현해야 한다. 이렇게 자기사고(思考)의 전체상을 파악하는 것은 정신건강상 매우 좋다. 특히, 설계경기인 경우 최종 마감인 프레젠테이션을 이미지화하여 아이디어를 마무리한다는 얘기를 대학원생 시절 건축가인 미야와키 마유미(宮脇檀)로부터 들은 적이 있다.

또한 문장이나 수식만으로 이루어진 논문은 읽는 사람을 지루하게 만든다. 가능한 빠른 단계에서 읽는 사람이 알기 쉽게 어떤 그림이나 표를 삽입할까를 생각하고 디자인한다. Step 1의 「주제를 찾는다」에서 지적했듯이 시각적인 이미지를 갖고 에스키스하고 편집하는 것이 중요하다. 그렇다고 한 번의 연습으로는 부족하다. 스포츠나 어학연습과 마찬가지로 반복훈련과 횟수가 많을수록 실력이 향상된다. 나의 경우, 약 6개월간 세미나에서 진행하는 논문의 필드워크는 세 번 또는 네 번 정도이다. 즉 최소 세 번은 개요 쓰기 훈련을 시킨다.

내가 지적하고 있는 논문의 필드워크 개요 형식은 다음과 같다. 논문의 저자는 어떤 사람(역사가, 건축가 등)인지, 어떤 입장에서 그것을 썼는지, 그 당시의 시대배경은 어떤 상태였는지, 논문에서 무엇을 주장하고 있는 것인지, 그리고 그것을 논증하는 근거는 무엇인지, 그 논문과 비교할 수 있는 논문이나 선행연구가 있는지 등의 항목이다. 훌륭한 논문에는 위와 같은 내용이 반드시 포함되어 있다(물론 예외인 경우도 있다). 저자의 생각을 다시 한 번 쓰고 베끼는 것이 이 훈련의 목적이다. 이 작업은 건축학과에 입학한 1학년생이 요시무라 준조(吉村順三)가 설계한 목조주택의 도면을 그대로 복사하는 훈련과 비슷하다고 할 수 있다. 그리고 문장을 씀과 동시에 스케치 노트에 논문구조를 에스키스하면서 논문의 논리를 이해하게 한다.

즉 논문의 논리를 도형화해 본다. 이것은 언어와 이미지를 결합시키는 좋은 훈련이다. 물론 과거의 개요집을 보면서 좋은 개요를 모방해도 괜찮다. 내용(주장)을 모방하지 않는 한(표절행위에 해당한다) 형식은 얼마든지 도용해도 좋다. 이 단계에서는 일본어 표현이 어색해도 무방하고, 문장을 쓸 때 국어사전 등을 수없이 찾아보게 하는 지도를 하고 있다. 모르는 부분이 있으면 사전에서 먼저 찾고, 사소한 일상생활 속에서도 필요하다면 언제든지 사전을 찾아라.

앤서니 비들러 저, 나카무라 토시오 역, 「일그러진 건축공간-현대문화와 불안의 표상」, pp.169~186
제1부, 「공간의 폭발」-건축과 영화의 허상

키워드　　?

シネプラスティックス　表現主義　ユークリッド幾何学
カルガリ博士の部屋　虚構性　ヘルマン　G　シェファウアー

1 はじめに

私は映画の眼だ。私は建設者だ。私は今日作り上げたばかりの君を　これまでに私が作った今日まで存在しなかった世にも稀なる部屋に収める。この部屋には世界のさまざまなところで私が撮影した十二の壁がある。壁や詳細のショットを寄せ集めて　それらを魅力的な順序に配列する。正しく間隔を置いて映画の語法を構築しようとする．それがこの部屋だ。

ジガ　ヴェルトフ　1923年

本書『歪んだ建築』では、モダンの主体が持つ不安の視覚を探求する。モダンの主体は、とうていコントロールできない多くの空間システムに絡めとられているが、それでもそうした難しい事態が表象的、また、建築的にどのような意味を持つかを著者は述べようとしている。

人が感じる不安や、恐怖、疎外など、それらと心理的に対応している不安神経症や恐怖症などは、モダンという期間を通じて　空間の美学と密接にかかわりあってきたのである。モダニズムは、そうした多くの空間に対する恐れを精神分析の領域へ転移させてしまったが、メトロポリス特有なものとして新たに認められた恐れから、同じように、影響を受けたのである。

本稿では、同書のなかにある第 1 部の「空間の爆発」という章についてまとめたもので、内容を理解し要約することを目的とする。

2 映画と建築

映画と建築との関係は今世紀初めから試されてきた。その実験としてサイエンス　フィクションを初めとして冒険映画、暗黒映画、アクション映画、記録映画などほとんどのジャンルが含まれている。最近、ロサンゼルス群立美術館で開催された展覧会「表現主義のユートピア」は現代という時点での１つの完成を示しているように思われる。この展覧会を見ると建築もやっと映画の虚の空間（イマジナリー　スペース）に追いついたかと思われるのである。ここ数年のことだが他の設計者たちも同じように、建築における運動や時間の連続を表象する方法を探究するようになって　構成主義や表現主義など最初のアヴァンギャルド達によって作り出されたイメージに取り掛かったのである。そのイメージは新しい映画のテクニックの衝撃を色濃く映し出していった。様々な理論的、批判的作品にいたるまでそこでは、映画の建築への役割という複合した問題点が再び取り上げられているのである。

しかしながら、それにもかかわらず　建築と映画を単純に連携させてしまうことは、理論的に言っても実際的に言っても、常に難題を投げかける。

一方で、芸術に携わる人々にとって　映画というものが羨望と模倣を生み出す場であったことは明らかである。

3 虚構性

映画と建築という２つの芸術を相互交差させることによって、建築は映画的実践にとっての基本的現場であるという理論装置が開発された。つまり　建築は映画の虚構性（イマジナリー）に必要不可欠な、現実的かつ理念的、マトリックス（母体）であり　それと同時に、映画はすぐれてモダニズムの空間芸術（空間と時間の融合のヴィジョン）であるとされた。

3－1 カリガリ博士の部屋

ロベルト　ヴィーネの『カリガリ博士の部屋』という作品がドイツ表現主義映画の第一世代としてあげられる。今まで空間というのは生命のないもの、静止的なものとして扱われてきた。しかし、今や生命に、運動に、意識的表現にすっかり変わってしまっているのである。ここでドイツの美術批評家、ヘルマン　G　シェファウアーは、この映画の空間について、間違いのない現象論を提示している。この作品は様々な部屋の壁は透明で包み隠されカムフラージュされて　限りなく消えていき、しかもみせかけで、歪んでいるパースペクティブによって描かれている。そのため、空間は後方にも、前方にも圧縮され、遂には、観客自身の空間を圧倒してしまい、映画全編の渦巻の中へと巻き込んでしまうのである。

4、結論

映画ができた頃、建築とそれとの関係はあまりにも曖昧だったが建築家や芸術家がその関係について言及し、批判してきた中で現在、ようやく２つの関係が明確になりはっきりとしてきたのではないのだろうかと著者はいっているのである。

RQ = ______
RA = ______ ← Reasons 논문구조를 명확하게 한다.

논문 필드워크의 수정 사례

연구방법을 알다

논문작성 초심자에게는 계속해서 쉴틈 없이 사례에 해당하는 논문의 논리를 이해시키는 것이 지적인 신체를 만들기 위해 매우 중요하다. 그러나 학문에서는 조금 냉정해질 필요가 있다. 육체적인 체력 승부세계가 아닌, 객관적인 두뇌 승부세계로서, 말하자면 서구문명이 만들어 놓은 지적세계인 것이다. 건축사라는 영역은 건축계획이나 건축환경학 같이 건축 그 자체를 다루는 학문이 아니라 건축이 만들어진 과정, 건축가는 누구인가, 그 시대배경 등을 다루는, 다시 말하면 학문 중의 학문으로 '머리말'에서 지적한 메타건축(meta-architecture)이란 학문이다.

AA스쿨 시절, 연구특론 세미나(Advanced Research Seminar)에서 연구방법론(Research Methodology)을 다루는 강의를 들은 적이 있다. 세미나에는 각 분야에서 활약하고 있는 강사가 본인은 어떤 방법으로 연구를 하고 있는지 소개하고, 강의 후반부터는 토론하는 형식이다. 이러한 강의는 일본의 건축학과 대학원에서 하지 않는다. 유럽에서는 어떤 방법론이나 또는 이론을 사용해 연구하고 있는지에 대해 주의 깊게 관심을 갖고 있다. 이는 주관적으로 자신의 아이디어를 구축함과 동시에 냉정하게 자신의 아이디어 구축과정을 객관적으로 바라보는 양의적(兩義的)인 자세 갖기를 중요시한다는 표현이기도 하다. 영국에서는 이와 같은 자세를 갖는 연구자를 많이 볼 수 있다. 뇌 과학자인 모기 켄이치로(茂木健一郎)에 의하면 영국 과학자는 자신의 아이디어를 책상에 올려 마치 다른 사람의 아이디어를 비판하듯이 자신의 아이디어를 바라보고 토론, 논쟁한다고 한다.

양의적(兩義的)인 자세는, 사실 건축가가 항상 갖고 있어야 한다. 건축가로서 아이디어를 제안함과 동시에 건축주나 현장감독 입장에서 자신의 생각을 물어보고 수정해가야 한다. 자신이 건축주라면 어떻게 생각할까, 내가 구조기술자라면 어떻게 할지 등등이다.

AA스쿨에서 받은 수업이 대학원생을 대상으로 한 것처럼 본격적인 연구방법론을 공부하려면 그야말로 몇 년이란 시간이 필요하다. 사실 반년만에 졸업논문을 완성해야 하는 학부 4학년생이 이에 몰두하기란 매우 어려운 일이다. 그래서 나는 졸업논문 방법론이란 논증의 종류다. 라고 가르치고 있다.

대표적인 논증으로 연역법과 귀납법이 있다. 인문과학계열인 역사연구 논문에서는 일반적으로 귀납법을 사용하고 있다. 귀납법은 영국의 철학자 베이컨이 주장한 사고법으로 자연과학계열인 물리나 화학연구에서 가설을 세우고 실험을 진행하여 그 결과를 근간으로 가설을 증명하는 방법론이다. 그러나 귀납법은 합리주의자들의 비판을 받는 것처럼, 엄격함을 추구할 때에는 밝혀진 실험결과가 가설을 증명하는 근거가 될 수 없는 경우도 있다. 예를 들면 100번, 200번 같은 실험결과를 얻었다고해도 어쩌면 101번째 또는 201번째에 가설과는 다른 결과가 나올 수 있기 때문이다. 또한, 연역법과 귀납법을 보충한 방법으로 미국의 철학자인 퍼스(Charles Sanders Peirce)의 추리학(Abduction)이라는 사상도 있다.

어쨌든, 귀납법을 중요시한 경험주의라고 하는 사상이 그 이후, 19세기 프랑스 사상가인 콩트(Auguste Comte)가 주장하고 근대산업혁명과 과학발전의 기반이 된 실증주의라는 사상으로 발전하게 된다. 실증주의에서 다루는, 증거를 예시로 하여 논증한다는 방법론이 19세기 독일의 역사가인 랑케(Leopold von Ranke)에 의해 실시되어, 현재 역사연구의 기본적인 자세가 된 것이다. 그 이후 마르크스주의, 현상주의, 구조주의 또는 포스트구조주의로 불리는 새로운 방법론이 시도되고 있으나 건축학도인 우리들은 우선 실증주의적 자세를 갖는 것만으로도 충분하다고 생각한다. 말하자면, 누가 말한 것이 어떤 문헌에 있고, 그 건축이 세워진 시대에는 여러 가지 사건이 있었으며, 그 건축양식에는 이러한 경향이 보인다 라는 명확한 증거를 발견하여 논증하는 것이다.

물론, 증거의 진위를 밝히는 자료비판이라는 작업이 필요하지만 이는 연구자를 목표로 하는 사람이 하면 좋을 듯하다. 내가 중요시 하는 것은 누군가가 말한 것, 즉 언어설명이라는 증거이다. 유럽에서는 건축가나 역사가, 이론가 등의 언어설명을 모은 앤솔러지(anthology)가 출판되고 있음을 앞에서 설명하였다. 그 중에서도 울리히 콘라드(Ulrich Conrads)의 「세계건축 선언문집」과 일본의 「일본건축 선언문집」(쇼코쿠샤)을 세미나 학생들의 필독서로 하고 있다. 전자는 번역되어 일본어로 읽을 수 있다. 이와 같이 고전에서부터 최신의 저서에 이르기까지 번역되어 읽을 수 있게 된 배경에는 선배들의 노력 덕분이지만, 그 결과 학생들의 어학실력이 점점 낮아지는 이유가 되기도 한다. 건축과 마찬가지로 논문도 번역이 아닌 원작을 살펴보는 것이 중요하다.

질적 연구법을 공부한다

거의 모든 건축역사연구는 실증주의를 기본으로 이루어지고 있다. 학문이므로 연구는 일반성 · 보편성을 가질 필요가 있다. 누가 봐도 납득할 수 있는 객관적 증거에 의해 자신의 주장을 전개하는 것이 연구자의 사명이다. 그러나 나는 일반성 · 보편성 또는 객관적 증거가 필요하다고 인식하면서도 일종의 거부감을 느끼고 있다. 자연과학계열 연구에서는 필수인 동일한 조건으로 동일한 방법을 사용하면 실험결과는 같게 된다. 또는 인문계열의 경우 동일한 증거와 동일한 언어설명을 사용하면 말한대로 동일한 결과로 이끌 수 있다는 '재현성' 이라는 원칙에 반대하기 때문이다.

설계를 생각해 보자. 이 기능을 위해서 계산한 결과 이 정도의 규모는 필요하다, 도로는 이 정도의 사람들이 통행하기 때문에 여기부터 어프로치를 시작해야 한다 등 우리들이 건축설계할 때 수량이나 수치를 절대적으로 신뢰하는 증거 · 이유로 취급하고 계획을 결정하는 판단조건 중 하나로 다루고 있다. 수치나 수량을 규정한 데이터를 컴퓨터로 옮겨 CAD로 조작하면 좋아하는 건축가의 작품을 누구라도 만들 수 있다. 이와 같이 수치, 수량적 데이터는 객관성이라는 신뢰를 얻을 수 있으나 동시에 주관성이라는 건축설계에 필요한 개성을 잃게 되는 위험을 내포하고 있다.

이는 15세기 갈릴레오까지 거슬러 올라갈 수 있는 과학적인 문제이다. 세계는 수학적인 질서를 갖는다라는 신념에 의해 태양이 매일 동쪽에서 뜨고 서쪽으로 지고 있음을 보고 있으면서도 움직이고 있는 것은 지구라고 생각하는, 즉 인간의 눈에 비치는 현상은 주관성이고 과학은 아니라는 자세이다. 이에 대응하여 '유럽학의 위기' 로서 '갈릴레오는 발견의 천재임과 동시에 은폐하는 천재이기도 하다.' 라고 비판한다. 즉 주관적 근거를 되찾기 위해 현상학이라는 학문을 확립한 독일의 철학자 훗설(Edmund Gustav Albrecht Husserl)이 있다.

19세기 유럽에서 탄생하여 여러 분야의 연구에 기본적인 자세가 되고 있는 실증주의 사고방법을 맹목적으로 따르게 되면, 본래의 중심인 연구자의 개성과 주체성이 사라지고 그 누가 해도 똑같아질 것이다. 데이터만으로 처리함으로써 누가 어디에서 해도 같은 건축이 만들어지게 된다면 매우 곤란하다. 앞에서 졸업연구에는 실증주의적인 자세만으로 충분하다고 했으나 대학원에서 본격적으로 연구자의 길을 목표로 하는 사람은 또 다른 방법론을 알아 두어야 할 것이다.

5년 전, 소규모의 아틀리에 사무실에서 설계작업을 할 때 도시사회학을 전공한 사람들과 건축 워크숍을 개최한 적이 있다. 신주쿠역에서 아키하바라역까지를 대상으로 역 주변을 필드워크하고 그 지역의 컨셉을 찾아서 건축제안을 하는 작업이었다. 그때, 사전조사로 대형서점에 들러 사회학 코너에서 우연히 발견한 책이 실증간호연구를 전공한 독일인 연구자의 저서인 「질적 연구입문」(순쥬샤출판)이었다.

질적 연구란 말 그대로 수량 · 수치라는 데이터 중심으로 이루어지는 양적 연구와는 달리 현상학과 문화인류학, 시카고학파라 불리는 도시사회학을 바탕으로 한다. 1970년대 독일어권에서 인간과학인 심리학, 사회학, 의학, 교육학 등 광범위하게 사용되었고, 90년대 영어권에서 발전한 연구 방법이다. 일본에서 질적 연구의 제1인자인 무토우 타카시(無藤隆)는 '질적 연구란, 구체적인 사례를 중요시하고 그것을 문화, 사회, 시간적 문맥 안에서 받아들이려고 하며, 사람들 자신의 행위나 말을 그 사람이 살아 있는 필드 안에서 이해하려고 하는 학문 분야이다」(「질적 심리학」, 신요샤출판)라고 정의하고 있다. 「질적 연구 입문」을 번역한 오다 히로시(小田博志)에 의하면, 질적 연구는 현장에 가까운 연구를 가능하게 하고 생동감 있는 연구의 길을 열어준다. 그리고 다음과 같이 말하고 있다. "수량화를 지향하는 연구에서는 기존 이론에 대해 질문을 하거나 실험실에서 인간행동을 관찰하기도 하지만, 이러한 방법에 의해 결정적으로 잃게 되는 것이 있다. 그것은 현장 경험이고 인간이 살아간다는 것의 풍요로움과 복잡함이다. 수량적 측정에 빠지는 것이야말로 현장이나 인간에게는 중요할지도 모른다. 인간과 관계된 학문 분야가 수량화, 표준화의 규범으로 구속되면 유효한 학문적 식견의 대부분이 달아나게 된다. 이는 커다란 손실이 아닌지..."

현재 건축설계 및 연구에 대하여 문제의식을 갖고 있는 사람이라면 이러한 정의나 주장에 뭔가 공감을 표명하지 않을까? 인간과 관계된 학문인 건축학이야말로 이러한 방법론이 필요하지 않은지. 그날 구입한 책을 다시 한 번 읽으면서 건축학에 응용하여 질적 건축학을 구성해 보리라 혼자 분발했던 기억이 난다.

에스노그래피(ethnography)와 삼각측량(triangulation)을 알다

구체적으로 질적 연구법은 건축연구와 설계에 어떻게 응용 가능한 것일까? 최근, 읽는 것만으로 1년이 걸릴 것 같은 「질적 연구 핸드북」(기타오오지쇼보 출판) 3권을 번역했으나 이외에도 관련 가이드북이 많이 출판되었다. 이 중에서 유용하다고 생각되는 2가지 방법을 소개한다.

하나는 에스노그래피라는 민족학에서 쓰는 방법이다. 종래의 연구성과는 「어느 민족집단에 관한 포괄적인 조사보고서」 라는 것으로, 사람들의 상호행위나 사회집단에 관한 조사프로세스와 그 결과를 기술한 것이다. 이 에스노그래피는 그 기록 자체가 프로세스이며 결과이다. 라는 역할에 주목하고자 한다.

에스노그래피가 인간의 일상생활과 행동을 이해하는 수법이 된 것은 20세기 초 민족학에서였다. 거의 같은 시기에 시카고를 중심으로 출판된 도시민속지의 도시연구방법이 되기도 하였다. 이들의 공통점은 대상물인 인간과 건축 도시를 섬세한 시각으로 상세하게 필드워크(기록)한다는 자세이다. 필드워크에서 사용하는 방법은 참여관찰, 면접, 조사, 문헌수집이다.

특히, 흥미로운 것은 사용하는 필드 노트의 존재이다. 대상물의 기록은 물론, 관찰과정에서 떠오른 자신의 연구와 시점에 관한 의문점, 비판, 당혹감 등을 기록한다. 이것은 Step 1에서 소개한 스케치 노트의 기록과 동일한 작업이다. '보면서 쓰기' 라는 관찰행위와 그 과정에서 '쓰면서 생각하기' 라는 행위, 그리고 그 기록을 보면서 관찰하는 '생각하면서 보기' 라는 세 가지 행위를 반복함으로써 데이터와 기록을 분석하고, 연구의 증거만이 아닌 기록과정 그 자체가 연구의 질을 높이는 수법이 되고 있다.

다른 하나는 삼각측량(triangulation)에 대해 소개한다. 원래 지형도 등을 제작하는 측량법을 나타내는 개념으로 일본에서는 '삼각측량' 으로 번역하고 있다. 질적 연구에서는 전용되어 하나의 대상을 연구할 때 복수의 연구법, 이론, 원본 데이터 등을 조합시켜 보다 다면적이고 포괄적이며 당위성이 높은 식견을 얻기 위한 수법을 말한다. 단순하게 말하면, 사물을 이해하기 위해서는 입체적으로 볼 필요가 있다는 것이다. 양적 연구에서는 사례와 데이터에 편중한다는 지적에 대응하는 것으로, 사례에 관한 다면적인 정보와 연구가 실시된 상황을 제시하여 데이터의 객관성을 표시한다. 한편, 질적 연구에서는 사례를 분석하는 연구자의 이론, 틀, 관점을 인식하고 자신의 방법이나 견해가 맞는지에 대해 의문을 갖는 '반성적인 대화'를 행하면 주장의 객관성이 높아진다고 한다.

연구조사를 진행하는 시점에서 가능한 한 많은 사람으로부터 이야기를 듣는 것이라고 생각한다. AA스쿨에서는 한 학기에 한 번 자신의 연구발표를 진행한다. 그때 같은 연구를 하고 있는 선행 연구자나 디자인 코스의 교수를 불러 자기연구에 대한 비평을 받는 관례가 있었다. 안에서만이 아닌 끊임없이 제3자의 의견을 듣기, 이것도 자신의 연구를 상대적인 입장에서 관찰하는 훈련이었다고 생각한다.

프라하에서의 필드워크, 1998년 4월 27일

	질적 연구(정성적 조사)		양적 연구(정량적 조사)
학문 분야	**인류학 · 역사학** 민족지학, 생태학적 심리학, 인식 인류학, 상징적 상호 작용론, 현상학 등	**건축학** 건축역사학 건축계획학 등	**심리학 · 경제학 · 사회학 · 이공학 · 정보과학** 서베이 사회학, 실험사회심리학, 경영공학, 소프트웨어학, 전자공학, 생명공학 등
기법	**사례연구법** 디자인 서베이 필드 관찰(참여관찰, 면접) 자료 해석과 분석, ethnography triangulation 등		**계통적 연구법** 실험실 실험, 조직적 관찰, 통계자료분석, 양적 내용분석, 앙케트(질문)조사, 인터넷조사 등
데이터	**질적 데이터** 역사자료, 자전, 수기, 일기, 문학작품, 필드 노트, 스케치 노트 등		**양적 데이터** census data, surbay data, 실험데이터, 조직적 관찰데이터, CAD도면 등
연구보고서 형식	소설, 역사기술, 이야기, 기행문, 논픽션		과학논문, 학술논문, 기술보고서, 조사보고서

질적 연구와 양적 연구의 특징 (참고 : 사토 이쿠야(佐藤 郁哉), 『실천 필드워크 입문』, 유희카쿠 출판, 2002년)

질적(質的) 연구법을

건축에 응용한다

건축학 연구자로서 질적 연구(質的研究)를 운운하는 사람은 나 혼자일지 모르겠으나, 이미 오래 전부터 건축이나 도시에 관한 조사에서는 이 방법으로 진행하고 있다.

시카고에서 도시사회학이 활발했던 1920년대, 일본에서도 콘 와지로(今和次郎)가 관동대지진 이후 동경에서 조사를 하고, 고현학(考現學)[1]이란 방법론을 전개한 것은 유명하다. 오다 히로시에 의하면, 일본에서 질적 연구의 시초라 할 수 있는 것은, 콘 와지로가 민가 채집시 함께 협력했던 야나기타 쿠니오((柳田國男) 등에 의한 민속학을 들 수 있으며, 특히 이들이 민속학의 성과를 이야기 형식으로 제시한 점이 바로 질적 연구임을 지적하고 있다.

질적 연구에서 사용되는 데이터 이야기(narrative)라는 방법과 중복되고 있다고 생각한다. 콘 와지로를 연구하고 있는 쿠로이시 이즈미는 “그의 고현학은, 예를 들어 소비하는 현상을 단순한 교환행위로 인간과 사물의 관계를 양적으로 보는 것이 아닌 심리학적인 고찰을 부가하여 상황마다 분석하는 질적인 연구다”라고 받아들이고, 이것이야말로 질적 연구라고 한다(쿠로이시 이즈미, 「건축 외의 사고」, 도메스출판).

1960년대부터 70년대에 걸쳐 건축가 미야와키 마유미를 중심으로 한 디자인조사는 상세한 드로잉과 함께 조사대상인 건축을 신체화시킨 질적 연구의 흐름을 엿볼 수 있다. 또한 일본에도 작품을 남기고 지금까지 그 사상이 마을만들기에 많이 활용되고 있는 크리스토퍼 알렉산더(Christopher Alexander)의 존재를 들 수 있다.

그는 수학자로서 출발하면서 60년대 「도시는 나무가 아니다(A City is not a Tree)」 등 중요한 논문을 발표하고 70년대부터는 건축 · 도시의 디

1) 고현학(考現學)은 콘 와지로가 제창한 학문으로, 현대 사회현상을 장소, 시간을 정해 조직적으로 조사 · 연구하고 사회모습, 풍속 등을 분석 · 해설하는 학문임. 영어표기는 The study of modern socail phenomena임.

자인 생성과정과 환경구조에서 새로운 시점을 발견했다. 그가 의도한 것은 공간의 질(質)을 탐구하는 것으로, 그 대상을 '명명할 수 없는 질(質)' 이라 부르고 있다. 사람들에게 회자되고 있는 그의 「패턴 랭귀지(Pattern Language)」는 사람, 마을, 건물, 황야 등에 기거하는 생명과 정신을 '명명할 수 없는 질(質)' 로 부여하고, 이러한 것들을 객관적으로 만들어내기 위한 도구이자, 또한 공간의 질(質)을 서술하기 위한 언어였다. 알렉산더는 다음과 같이 말하고 있다. "이러한 질(質)을 구비한 장소가 우리들의 내면의 질(質)을 불러낸다. 그리고 자신에게 이 질(質)이 만들어지면, 자신이 만드는 건물과 마을에도 그 질(質)이 만들어지기 쉽다. 그것은 자족적, 자립적, 생성적인 질(質)이다. 우리들 자신이 생활하기 위해서는 주변환경에서 그것들을 찾지 않으면 안 된다. 이 모든 것은 우리가 추구해야 할 기본적, 과학적 사실이다." (크리스토퍼 알렉산더, 「시간을 초월한 건설의 길」, 카지마 출판)

패턴 랭귀지를 포함하여 알렉산더의 활동에는, 사물을 만드는 예술적 자세와 함께 공간의 질(質)을 창조하는 프로세스에 주목하여 그 질(質)이 나타날 수 있도록 조건과 존재를 둘러싼 사물들 간의 네트워크를 발견하는 과학적 자세가 공존하고 있다.

거의 모든 건축 영역에서는 이상과 같은 질적 연구가 시도되고 있으나, 여기에는 한 가지 공통점이 있다. 그것은 연구 · 조사를 열린 마음을 갖는 지적 활동으로 보고 폭넓게 커뮤니케이션하면서 일관된 논리만이 아닌 현장에서 만나는 우연성에도 주목하고, 그 결과보다는 과정을 중요시하는 점이다. 이는 보편화되고 있는 주민참가형 워크숍 등에서 볼 수 있는 설계 방법으로 연결되고 있음을 알 수 있다. 그러나 질적 연구가 인간과학의 영역에서 진행하는 질적 연구의 방법론과 직접적인 관계를 갖지 않고, 단지 결과로서 일치하고 있기 때문에 이 방법을 어떻게 건축이나 도시연구와 설계에 적용시켜야 하는가는 아직 미지의 분야라 할 수 있다.

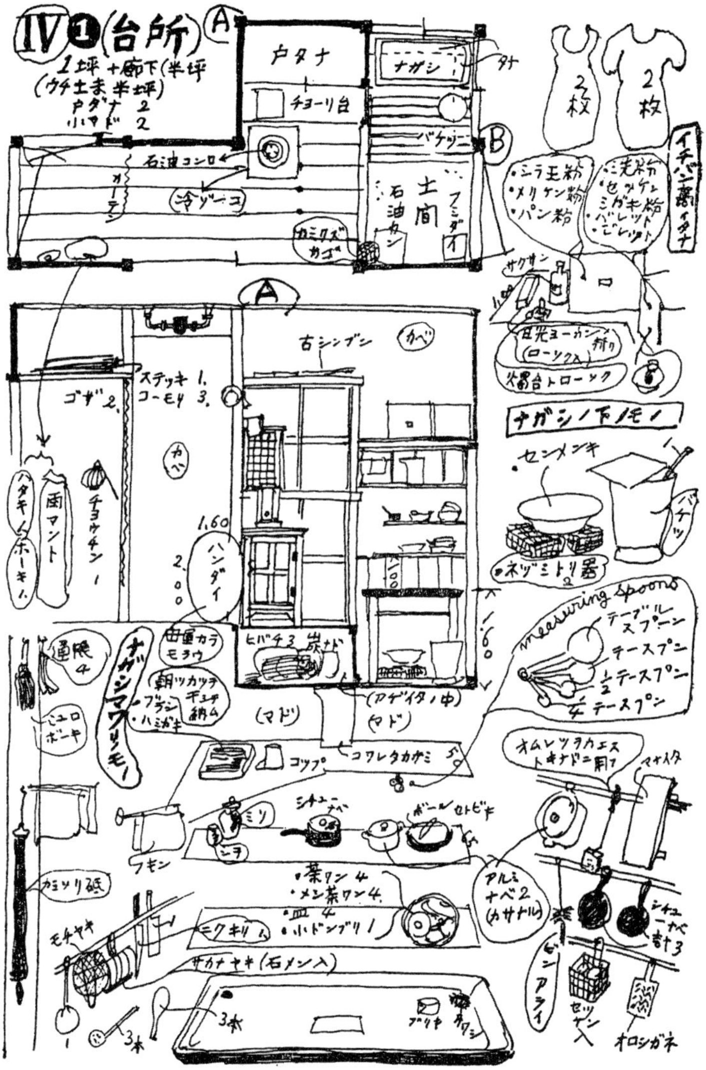

콘 와지로, 「신가정의 물품조사」

(출전 : 『콘 와지로집(今和次郎集) 제1권 고현학』, 도메스출판, 1971년)

강(인)해야 한다

연구하기 위해서는 자료와 문헌을 수집하고 오로지 이들을 해독하면서 연구 자체의 과정과 방법을 파악할 필요가 있다. 이는 미시적(micro)이고 거시적(macro)인 시선을 가져야 한다는 뜻이다. 또한 고독을 이겨내면서 다른 사람과의 커뮤니케이션을 통해 객관성을 얻듯이 폐쇄적이면서도 개방적인 모순의 행위를 하게 된다. 따라서 정신적 · 육체적으로 강해지지 않으면 좋은 연구는 할 수 없다.

이는 설계행위에서도 똑같이 적용하고 있음을 알 수 있다. 학생들을 보면, 일주일에 한 번은 수업시 교수한테 지도를 받음에도 불구하고 거의 모두가 혼자 방에 틀어박혀 묵묵히 설계과제를 하고 있다. 수업시간 외에도 연구실로 오면 지도해준다고 강조해도 어려워하는 건지, 지금까지 연구실에 적극적으로 방문하는 학생은 거의 없다. 대학에서의 과제는 실제 설계과정과 큰 차이가 있어 건축설계교육의 커다란 문제점이라고 생각한다. 실제 설계현장에서는 나 홀로 사무소라도 구조설계, 설비설계, 현장작업이 시작되면 시공기술자와 목수 등과 끊임없이 커뮤니케이션을 하면서 만들어가야 한다. 이러한 사람들은 전문가이기 때문에 대화가 잘 통하지만, 가장 중요한 건축주는 대부분 건축에 대해 잘 모르기 때문에 대화하기 힘들고, 따라서 매우 중요하기도 하다. 최근에는 방에 틀어박혀 한눈도 안 팔고 게임하는 학생이 많아지고, 이들이 점점 내성적인 성격으로 변해가고 있다. 건축가나 연구자의 자질로서는 매우 위험한 징후라 할 수 있다.

어느 영국 건축가를 소개하면, 그는 언어연구와 건축설계를 병행하는 사람으로 그리스 문자 중 하나인 선(線)문자 B의 해독가로서 세계적으로 유명한 벤트리스(Ventris, Michael George Francis)라는 건축가이다. 그는 어릴 적부터 유럽 언어를 차례로 습득할 정도로 어학적인 재능이 뛰어났다. 예술가와 건축가들과 친분이 있었던 폴란드인 부모의 영향을 받아 건축가가 되기 위해 AA스쿨에 입학했다. 마침 제2차 세계대전 중이었으나 AA스쿨에서는 모더니즘운동의 영향을 받아 고전적인 예술성이 강한 것보다는 근대적이고 과학성을 중시한 건축교육이 진행되고 있었다. 다시 말하면, 협동으로 설계하는 것이다.

벤트리스는 14세 때, 크노소스(Knosou)의 발굴과 복원으로 유명한 고고학자 아서 에반스(Sir Arthur John Evans)의 강의를 듣고 에반스가 못했던 선문자 B의 해독을 목표로 하고 있었다. 그는 제2차 세계대전 병역을 마치고 AA스쿨을 졸업하여, 교육부에 채용되어 새로운 학교설계를 전담하는 건축가의 개발그룹(CLASP)에 들어가게 되었다. 낮에는 설계를 하면서 밤에는 그야말로 방에 틀어박혀 선문자 B의 해독을 했다.

사실 그의 언어해독과 건축설계라는 행위에는 깊은 관계가 있다. 중요한 것은, 벤트리스는 언어해독이라는 매우 고독한 작업을 하면서 혼자 움켜쥐고 타인에게 공개하지 않는 종래의 아카데미학자와는 달리 때를 봐서 자신의 해석과 방법이 올바른 것인지를 물어보는 편지를 언어학자들에게 보내 객관적인 의견을 들었다. 아마도 AA스쿨에서 공부한 협동이라는 작업의 건축설계 과정을 선문자 B의 해독 작업에 응용한 것이 아닐까?

벤트리스(Ventris, Michael George Francis)가 해독한 선문자 B

건축가로서는 「그룹 제작에 대하여」(“PLAN” no.2, 1948년)란 논문을 쓰고, 그 후 「건축가를 위한 정보취급에 대하여」라는 보고서를 작성하였다. 유감스럽게도 1956년 9월 교통사고로 34세에 요절했다. 자살로 보여지는 행동으로 그 원인은 밝혀지지 않았으나 해독과 설계에서 직면한 모순에 견딜 수 있는 강한 정신력을 갖고 있지 못했던 것 같다.

여러분들도 지금부터 건축가가 되든 연구자가 되든 정신적 · 육체적 고통과 만나게 된다. 반드시 대나무와 같은 부드러움과 강한 정신력을 갖길 바란다. 조금 야단을 맞았다고 해서 그대로 주저앉지 말고 약간은 둔감을 발휘하여 강한 의지를 갖고 설계와 연구를 해주길 바란다. 아마도 이 조사 · 계획단계가 가장 어렵고도 한편으로 즐거운 시기이기 때문이다.

Step 3

기본설계

논리를 알다

Step 2까지의 작업은 한마디로 말하면, 논문의 종류를 찾는 것이었다. 학생생활에서 할 수 있는 것, 건축학 또는 다른 분야의 수업을 받고 재미있었다고 생각한 기억이나 기록을 찾아내는 작업이다. 사실 이것조차 학생에게는 무척 어려운 것으로 상당히 의식하고 있지 않는 한, 학점은 이미 마쳤고 수업내용에 대해서는 시험공부와 마찬가지로 깨끗하게 잊어버리는 것이 일반적인 현상이다. “교수님, 저는 도대체 뭐에 흥미 있는 걸까요?”라고 나를 얼어붙게 만든 질문을 한 학생이 있었다. “나는 자네가 아니기 때문에 모르겠네.”라고 대답하면 간단하지만, Step 2에서 말했듯이 논문을 작성하는데 요구되는 사고하는 방법, 즉 논리적(logical)으로 사물을 생각하는 것은 건축설계와도 연계되기 때문에 매우 중요하고 재미있는 것이다.라고 친절하게 설명해 주면, 그 중에는 바로 깨닫고 방향을 잡아가는 학생도 있다. 그렇다면 논리적으로 사물을 생각하는 것과 건축을 설계하는 것은 어떤 점에서 얼마나 연결되는 것일까.

한때 논리적 사고(logical thinking)란 이름으로 책들이 쏟아져 나온 적이 있다. 그 배경에는 특히, 비즈니스 세계에서 외국인과의 상대가 증가하고 감정에 호소하지 않고 논리적으로 상대를 설득할 필요가 많은 비즈니스맨들이 요구했던 것이다. 논리적이란 논리(logic)의 형용사로서 논리학, 논리, 논법, 조리, 이론세우기를 의미하며, 어원적으로는 로고스(logos)로 만물을 총괄하는 이법(理法), 이성(理性)을 말한다.

한편, 논문은 영어로 ‘thesis’이다. 이는 의론(議論)에서의 논지(論旨), 논점(論点), 논제(論題), 제목, 가설을 말하는 언어이며 논리학에서는 명제(命題), 정위(定位), 작문, 논문, 특히 학위청구논문, 졸업논문을 의미하는 것으로 사용하고 있다. 즉 논문이란 논점, 논제, 명제를 포함한 문장을 말한다. 더욱이 논문 전개는 논리적이어야 한다. 논리적이란 만물을 통일하는 이성에 의해 지지되어 온 사고(思考)를 말한다. 간단히 말하면, 어떤 사람이라도 납득할 수 있는 근거(reason)를 갖는 사고이다. ‘reason’은 불어의 ‘raison’으로 이성을 의미한다.

설계(디자인) 의미도 생각해 보자. 최근, 생물형태를 건축에 응용한 듯한 디자인으로 새로운 경지에 오른 건축가 이토 도요(伊藤豊雄)가 있다. 그의 건축가로서의 재능은 국제적으로도 평가를 받고 있으나 그러한 디자인이 탄생되기까지 그 배경에는 구조설계를 담당한 사사키 무츠로(佐々木睦朗)의 존재를 빼고는 작품을 논할 수 없다. 도대체 구조하는 사람들의 어디가 그렇게 위대한 것인지? 나쁘게 말하면, 건축가의 아이디어(스케치, 휘갈겨 쓴 메모)에서 기하학적 특성(gepmetry)을 발견하는 것이다. 또한 단순히 발견하는 것이 아닌 구조형식, 구법형식, 마감재료의 분할방법 등 건축생산에 필요한 경제성과 효율성을 건축가의 아이디어에서 이끌어내야 한다. 애매모호한 이미지에서 필요 없는 것을 제의하면서 어떤 질서를 발견하고, 또는 질서를 기획하는 것, 이것이 설계=디자인(design)이란 언어가 갖는 본연의 의미이다. 여기에 존재하는 규칙성이 그 누구도 납득할 수 있는 디자인의 논리 = logic가 되는 것이다.

좀더 구체적으로 말하면, 건축의 목적은 회화나 조각 등의 순수예술과 같이 감상하는 사람에게 아름다움과 즐거움을 느끼도록 하고, 더불어 그것을 사용함으로써 사람들의 생활을 풍요롭게 만드는 사회적 콘덴서(Social Condenser) 역할을 하고 있다. 또한 모더니즘이라 불리는 근대건축은 건축의 장식성을 배제하고 공간과 기능을 중요시하였다. 이에 필요한 것은 사용하는 사람들을 납득시키는 논리가 존재하고 있다는 것이다(합리주의 사고). 건축가 혼자 납득하는 것이 아닌 자신의 설계에 대해 모든 사람이 수긍할 필요가 있다. 물론 건축주에 따라 그 요구가 다를 수 있고 만인이 납득하는 건축은 존재하지 않지만 자기 이외의 타인을 납득시키기 위해서는 적어도 문제제기 → 주장 → 근거라는 논리가 설계의 근본 어딘가에 필요하다.

건축의 기본설계란 건축주와 피드백하면서 그 논리를 확고하게 만들어 가는 과정이라 할 수 있다. 건축에 대하여 어떤 형태 또는 공간, 구조, 설비, 재료를 선택할지 그 이유를 과학적으로 또는 객관적인 시점을 갖고 발견해가는 것이다. Step 2의 「어학을 습득한다」에서 말했듯이 이러한 건축 행위가 갖는 논리는 합리성 때문에 서구에서는 사고법(思考法)=철학으로 연결시키고 있으며, 많은 철학자들이 은유(metaphor)로 「기초, 토대, 구조, 골조, 구축, 투시도」 등의 건축어휘를 사용하고 있다.

논문이란 문제제기 → 주장 → 근거라는 사고 과정을 서론, 본론, 결론이라는 구성으로 표시하는 문장이다. 이 과정을 거치지 않고서는 논문이라 할 수 없다.

단락을 알다

건축구조에는 목구조, RC구조 등 몇 가지가 있으며, 서로 혼합하는 방식도 있다. 근대건축원리 중에는 형식과 기능의 일치라는 사고(思考)가 있는데, 이는 구조와 외관의 일치라고 해도 좋을 것이다. 건축구조를 알게 되면 매우 기분이 좋아진다. 물론 지루함을 느끼는 사람도 있을 것이다. 사실 포스트 모더니스트로 불리는 사람들, 근대건축의 거장인 미스 반 데로에(Mies van der Rohe)는 근대건축이 갖는 단순성이 보편성과 연관 있다.라는 'Less is More'를 'Less is Bore'로 바꾸어 근대건축을 빗대었다. 이 경우 비판의 대상은 목구조, RC구조와 같은 외적인 형식을 포함하여 기능이라는 내적인 의미를 뜻하고 있다.

그렇다면 논문구조란 무엇일까. 좋은 논문에는 근대건축이 갖고 있는 것처럼 유쾌함을 느낄 수 있다. 그 이유는 논문구조가 심플하고 독자에게는 순서가 명쾌하게 보이기 때문이다.

논문은 패러그래프(paragraph)라는 몇 개의 문장(sentence)이 모인 형태로 이를 기본구조로 하고 있다. 패러그래프는 '단락' 또는 '절'로 번역되기도 하지만 그 자체로 하나의 주장이 있는 문장이다. 일본학생(나를 포함해서)이 유학에서 에세이(소논문) 과제로 고생하는 것은 어휘 부족은 물론 그 논문의 기본구조를 모르기 때문이라고 생각한다.

최근, 영어논문 쓰기방법이라는 수많은 책들이 출판되고 있다. 대부분은 독자의 어휘 부족에 초점을 맞추어 표현방법 사례를 논문 전개에 따른 형태로 소개하고 있다. 물론 이러한 것도 필요하지만, 더 중요한 것은 논문구조, 즉 논문이란 무엇인가를 이해하는 것이라고 생각한다. 그 중에서 내가 추천하는 것은 후지모토 시게유키(藤本滋之)의 「쉽게 쓸 수 있는 영어논문」(쇼하쿠샤 출판)이다. 이것은 사례 논문을 들어 패러그래프의 성질과 논문구조를 알기 쉽게 설명하고 있으며, 이를 발전시키면 졸업논문과 학술논문 집필에도 대응할 수 있는 책이다.

패러그래프구조는 토픽 센텐스(Topic Sentence), 서포트 센텐스(Support Sentence), 컨클루딩 센텐스(Concluding Sentence)라는 3박

자 구조를 하고 있다. 토픽 센텐스란 패러그래프에서 말하고 싶은 것, 즉 문제제기와 주장을 말한다. 영어로는 클레임(Claim)이라고 한다. 뭔가 불편할 때 점원한테 불평을 말할 때의 클레임과 같은 말이다. 따라서 영어문장에서는 최초의 글이 중요한 구문(構文)이 되고 있다. 여러분들도 시험공부할 때 영어해독의 첫글에 주의하라!고 배웠을 것이다. 서포트 센텐스는 토픽 센텐스를 지지하는 글이다. 왜 그와 같은 주장이 되는지, 즉 근거를 뜻한다. 서포트라는 이름 그대로 주장을 지지하는 기둥 보의 역할을 하고 있다.

컨클루딩 센텐스란 다시 한 번 토픽 센텐스를 조금 다른 표현으로 말하는 것이다. 단지, 컨클루딩 센텐스는 생략되는 경우가 많다.

이와 같은 패러그래프 3박자 구조는, P.111에서 설명한 논문을 구성하는 서론, 본론, 결론과 동일한 구조이다. 논문의 기본단위인 패러그래프 자체도 논문 전체와 동일한 구조를 갖는다. 예를 들면, 80년대 후반 포스트 모더니즘이 한창 건축계를 흔들고 있을 때, 프랙탈(fractal)기하학이라는 자기상이성(自己相似性)의 원리에 의해 논문이 만들어졌다. 패러그래프와 논문의 구조, 대응관계에 대해서는 P.116 표를 참고하길 바란다.

정리해 보면, 논문구조는 서론, 본론, 결론이라는 3박자 구조를 하고 있다. 서론은 도입부와 문제 제시부 2개로 나누어진다. 도입부에서는 그 논문에서 주장하는 문제의 배경, 왜? 그 논문을 쓰려고 하는지, 그 동기를 서술하고 독자를 논문으로 이끈다. 그리고 문제 제시부는 이 논문은 무엇을 문제로 하고 주장하는지를 나타내는 부분이다.

본론에서는, 그 논문의 주장을 지지하는 근거를 서술한다. 논문의 종류(에세이, 졸업논문, 석사논문, 박사논문)에 따라 근거한 개수는 다르지만, 졸업논문에서는 패러그래프와 논문을 성립시키는 3박자 구조에 맞추어 3개의 근거를 표시할 수 있다면 아름다운 구조가 될 것이다. 단지, 이 근거에는 눈에 보이는 형태와 눈에 보이지 않는 형태가 있다. 예를 들면, '르코르뷔지에는 프랑스 출신의 건축가다' 라는 주장을 지지하는 근거에서 눈에 보이는 근거란 르 코르뷔지에는 언제나 프랑스어를 말한다는 것, 그리고 눈에 보이지 않는 근거란 일반적으로 사람은 자신의 출생지 언어를 학습하고 말한다.라는 것이다. 단지, 이 주장은 잘못된 것으로 모두 알다시피 르 코르뷔지에는 불어권인 스위스의 라쇼드퐁 출신이다. 그리고 결론에서는 서론에서 서술한 논제를 다른 표현으로 다시 제시한다. 그리고 계속해서 자신의 연구에 대한 반성, 분석을 하는 경우도 있다. 이 연구는 여기까지 했으나 이 부분이 부족했고, 이는 후속 연구과제로 하고 싶다와 같은 코멘트이다.

■ 패러그래프구조

패러그래프는 논문을 구성하는 기본단위이며 3개의 센텐스(Sentence)에 의해 성립한다.

토픽 센텐스	**문제 제기 → 주장**
서포트 센텐스	**근거**
컨클루딩 센텐스	**문제 재 제시**

■ 패러그래프 사례

① 건축가의 능력 유무는 대학 및 고등학교 교육기관에서 교육을 받았는지 아닌지에 반드시 대응하지는 않는다. ② 르 코르뷔지에는 프랑스인 건축가의 육성기관인 에콜 데 보자르(Ecole des Beaux-Arts)에서 건축을 배우지 않았다. ③ 안도 타다오(安藤忠雄)도 대학에서 건축을 배우지 않았고, 독학으로 설계방법을 습득했다. ④ 세계적인 건축가가 된 두 사람의 공통점은 20대라는 젊었을 때 여러 가지 건축과 거리를 보기 위해 공간을 이동하고 그것들을 오감을 사용해 느끼고 그 이미지를 그렸다는 것이다. ⑤ 건축가의 능력은 대학 강의실에서 앉아 강의를 듣는 것보다는 건축을 실제로 보고 걷는 것이 중요하다고 할 수 있다.

① 토픽 센텐스

②③④ 서포트 센텐스

⑤ 컨클루딩 센텐스

■논문구조

논문은 서론, 본론, 결론으로 구성된다.

본론의 장(章)은 각각 3개의 절(節)로 성립한다.

서 론 (문제제기 → 주장) 15%	도입부	연구의 배경, 동기
	문제 제시부	주장하는 문제를 연구목적, 방법, 선행연구를 열거하면서 제시
본 론 (근거) 80%	1장 (근거 1)	1절 (1장의 서론)
		2절 (1장의 본론)
		3절 (1장의 결론)
	2장 (근거 2)	1절 (2장의 서론)
		2절 (2장의 본론)
		3절 (2장의 결론)
	3장 (근거 3)	1절 (3장의 서론)
		2절 (3장의 본론)
		3절 (3장의 결론)
결 론 (문제 재 제시) 5%	문제 재 제시부	본론에서 전개한 근거를 토대로 서론에서 주장한 문제를 다시 제시
	후기	

참고 : 토다야마 카즈히사(戸田山和久), 「논문교실 리포트에서 졸업논문까지」, 일본방송출판협회, 2002년 후지모토 시게유키(藤本滋之), 「쉽게 쓸 수 있는 영어논문」, 쇼하쿠샤출판, 2002년

서론 1 :

문제를 제시한다

논문에 처음 등장하는 서론은 논문에서 중요한 역할을 담당한다. 유학 시절, 서론을 쓰면 논문집필작업의 반이 끝난다.라고 배운 적이 있다. 이는 서론이 논문에서 말하려는 주장을 서술하고, 이에 첨가하여 연구방법, 선행연구 등을 명확하게 하는 부분이며, 논문의 최후를 마무리하는 결론은 서론의 변주(變奏)이기 때문이다.

서론은 도입부, 문제제시 순서로 쓰지만 여기서는 논문에서도 가장 중요한 문제제시부에 대하여 먼저 설명한다. 왜냐하면, 논문의 기본설계에 중요한 프로세스가 문제 제시부에 있다고 생각하기 때문이다.

문제제시부는 자신이 제시하는 문제와 주장을 연구목적, 의의, 방법, 그리고 선행연구를 들면서 서술한다. 이를 위해 우선 필요한 것은 구상에 의해 이끌어낸 주제에서 스스로 주장하는 문제를 찾아내고, 문제제기 → 주장 → 근거의 논리를 구축하는 것이다. 이 프로세스는 건축가가 확실하지 않은 아이디어에서 점차 형태를 만들어가는 건축 디자인 과정과 비슷하다. 아마도 학생에게는 이것이 최대의 난점이고 거의 모든 학생이 여기서 막히게 된다. 그러나 논문의 디자인 프로세스에 익숙하게 되면 주제가 나옴과 동시에 논문의 논리가 윤곽을 보이기 시작한다. 물론 잘 조사하지 않는 한, 근거는 확실한 것이 될 수 없다. 그러므로 이 단계에서 끄집어낸 모든 근거는 '가설' 로 받아들여져야 한다.

처음에는 주제와 관련하여 여러 가지 의문점, 대립, 모순점을 스케치하듯 간단하게 문장으로 열거해보는 것도 좋다. 졸업논문의 경우 이 단계에서 지도교수와 상담하고, 어떤 문제제기를 할까를 생각하고, 그 근거를 발견해가는 것이 좋을 것이다. 왜냐하면 학생의 지식량을 생각하면 명확한 근거를 찾기는 어려울 것이고(자료가 있는지 알아보는 것도 시간이 걸린다), 문제설정의 조합이 잘 되지 않기 때문이라 생각한다.

학생은 종종 착각하는 경우도 있지만 예를 들면 「영국 근대건축」, 「르 코르뷔지에」라는 주제는 결코 졸업논문에서 주장하는 문제제기가 될 수 없다. 예를 들면, 「영국 근대건축이란 무엇인가」, 「르 코르뷔지에는 누구인가」라는 의문을 설정했다고 하자. 과연 이것을 실제 반년만에 졸업논문으로 정리할 수 있는지? 아마도 불가능할 것이다. 평생의 연구로 50년 후에 출판한다는 장대한 계획을 갖는 사람만이 가능한 주제다. 이것도 유학 시절 지도받았던 것이지만, 논문은 포커스가 조합되면 될수록 좋은 논문이다. 단지, 너무 컴팩트(compact)하게 정리해버리면 재미가 없기 때문에 졸업논문이라면 커다란 테마에 과도하게 도전하고 분발하는 자세 그 자체는 장려해야 한다.

건축의 디자인 프로세스에서도 사회의 무엇을 문제로 하고, 어떻게 그것을 생각하고, 무엇을 디자인하려고 하는지를 명확하게 할 필요가 있다. "현대 동경의 혼란한 상황을 타파하기 위해 새로운 도시를 디자인한다." 라고 과장되게 말하면, "뭐?, 학생은 6개월에 할 수 있다고 생각하고 있나? 도시디자인은 그 어떤 작은 것이라도 최소 30년은 걸린다." 라고 말하는 것이 정답이다. 극단적인 이야기이지만, 설계 주제에도 조합이란 작업이 필요하다.

앞에서 논문이란 주장이 있는 문장이라고 했다. 그 주장이란 어디까지나 자기주장이다. 타인의 주장을 비판하는 주장도 있으나 타인이 말한 것과 다르게 주장하지 않으면 주장하는 의미가 없다. 연구를 진행하는데 있어서 연구주제가 결정된 단계에서 지금까지 진행된 유사한 연구내용을 조사할 필요가 있다. 어떠한 새로운 연구라도 그 주제와 관련한 연구는 이미 진행되고 있다. 문제 제시부에서는 이러한 선행연구를 열거하면서 자신의 논문 의의, 즉 주장이 다름을 이야기할 필요가 있다.

좀더 구체적으로 보면, 밑그림(esquisse)과 스케치를 서로 겹쳐가면서 논문의 논리를 구축하고 근거가 되는 증거나 선행연구를 수집하여 자신의 주장을 조금씩 확고하게 만들어간다. 이 작업을 4월 달부터 시작한다면 순조롭게 진행된다고 해도 9월 말까지 걸리게 된다. 졸업논문에 주어진 시간은 4월부터 다음해 1월 중순 제출까지 약 9개월이다 (우리 대학의 경우). 그 중 6개월은 실제로 2/3를 이 작업에 소비하게 된다. 오히려 그 정도는 필요하다.

6개월 정도가 지난 시기에 졸업논문의 중간발표가 진행되는 대학이 대부분이다. 중간발표에 제출하는 개요에는 연구주제, 연구방법, 선행연구, 논문의 의의 등을 쓴다. 즉 논문의 논리인 문제제기 → 주장 → 근거(가설을 포함한 조사 범위)를 확인하는 기회가 된다. 그러나 안타깝게도 현실적으로는 발표용 개요를 중간발표 1주일 전부터 부랴부랴 준비하는 경우가 많다. 그 중에는 주제 조합이 잘 안 되어 엉망진창인 학생도 있다. 조합이 안 되면 문제제시부는 쓸 수 없으며, 이 부분이 없는 한 논문은 시작하지 못한다.

서론 2 :

논문으로 유도

서론의 도입부에 대해 살펴보면, 도입부는 문자 그대로 논문으로 독자를 유도하는 매우 중요한 역할을 한다.

논문은 누구를 위해 쓰는 것인지 많은 학생들이 잘못 이해하고 있다. 논문은 자신만이 아닌 독자(졸업논문의 경우, 교수들)가 알 수 있도록 쓰는 것이다. 매우 상세하게 되어 있는 논문형식이나 문장작성법, 각주 등은 모두 독자가 읽기 쉽도록 만들어진 약속 같은 것으로, 그 누가 논문을 쓰더라도 모두 이 규칙에 따라야 한다. 라는 것이다.

논문의 첫머리부터 갑자기 전문적이고 특수한 것, 즉 주제부터 다듬어진 주장을 이야기하면 아무리 전문가인 교수라고 해도 '이게 뭐지?' 하고 반응하게 된다. 이것은 프레젠테이션 기술과도 같은 것으로 일반적인 것부터 전문적인 것으로, 전체에서 부분으로의 흐름전개가 작성방법의 기본이다. 이는 소설에서도 마찬가지로 독자의 감정이입을 원활하게 이끌어내기 위해 소설가가 가장 신경쓰는 부분이다. 독자의 주의를 불러일으키고 본론으로 이끌어가는 이것이 도입부의 역할이다.

도입부를 쓰기 위해 문장작성의 재능이 필요한가 라는 고민은 할 필요가 없다. 논문에서 주장하려고 하는 문제의 일반적인 배경을 서술하면 된다. 예를 들면, 카를로 스칼파(Carlo Scarpa)의 연구논문 도입부를 쓴다면 '이탈리아의 20세기를 대표하는 건축가 카를로 스칼파는 2006년에 탄생 100주년을 맞이한다. 여기서 그의 건축작품과 사상에 대한 재평가의 움직임이 이탈리아를 중심으로 세계적인 규모로 시작되고 있다.' 라는 느낌이 아닐까. 자신이 주제를 어떻게 발견했는지 그 동기를 솔직하게 쓰면 된다. 단지, 이때 너무 솔직하게 '교수님이 그렇게 말씀하셨다.' 라고 쓰지는 말고(비록 거짓말이라도), 논문 주제의 동기를 쓰기에는 견습생 정도의 작문 실력 정도는 필요하다. 이상하게도 구상하는 도중에 뭔가 마음에 와 닿아 점점 글이 앞으로 나아가게 된다.

때로는 뒤에 계속되는 문제제시부에서 열거하는 선행연구나 논문의 의의도 포함하여 쓰는 것이 보다 원활한 도입을 이끌어낼 수 있다. 앞에서 사례로 든 카를로 스칼파에 관한 연구는 현재 와세다대학의 후루야 노부아키(古谷誠章) 연구실에서 활발하게 진행하고 있다. 카를로 스칼파에 대한 논문을 쓴다면, 이 정도의 연구내용을 파악하지 않는 한 자신의 논문의 의의, 즉 주장의 다름을 알지 못하게 된다.

또한 도입부에서 '지금까지 그의 작품 디테일에서 보여지는 장식적인 측면에 대한 고찰이나 카를로 스칼파에 의한 전람회 디자인 분석에 대한 연구는 많으나 보존 복구적인 생각과 방법에 대한 연구는 그다지 많지 않다. 재평가에 대한 움직임을 계기로 유기주의(有機主義) 건축가인 스칼파의 보존 복구적인 작품에서 유기적인 사상을 알아보고 그것이 어떤 것이고 무엇을 의미하는지 알아보고자 한다.' 와 같은 작문을 만들 수 있을 것이다.

이전에 내가 제출한 논문의 사독위원으로부터 '선행연구를 설명하고 있으나 열거하고 있을 뿐이다.' 라고, 대사전의 설명을 인용해 해설이라는 언어 사용방법을 지적받은 일이 있다. 그 사독위원 말처럼, 해설한다면 연구의 의의까지 간단하게 서술해야 한다. 자신의 연구와 근접하는 선행연구가 어떤 경향인지를, 그렇기 때문에 나의 연구에서는 지금까지 없었던 시점을 갖고 있으며, 그래서 연구의 의의가 있다.라고 말하지 않으면 안 된다.

부연설명하면, 자신의 연구 의의와 목적을 간단하게 150자 이내로 정리하면 막힘없이 전달할 수 있고 이것이 중요하다. 어떤 논문이라도 자신의 연구 의의와 목적을 말하는데 3분 이상 걸려서는 안 된다.

졸업논문 주제

나의 연구실에 소속된 학생들의 연구주제 (2006~2007년)

- 후지이 코우지(藤井厚二)에 의한 제5회 실험주택 「聽竹居」과 『일본 주택』의 대응관계에 관하여
  - 주택설계에 있어서 과학적 시점을 초월한 시도 -
- 메이지시대 북해도 일본연안부의 반야(番屋)건축 코야쿠미(小屋組) 성립과정에 대하여
- 사카쿠라 준조(坂倉準三)의 飯箸邸에서 나타나는 오오야네(大屋根) 디자인에 대하여
  - 혁신성과 보수성의 관계 -
- 세키스이하임M1에서 나타나는 혁신성에 대하여
  - 현대민가로서의 시도 -
- 카를로 스칼파론 합리주의에서 유기적 건축으로
  - 초기 작품에서 나타나는 조형이념의 변천 -
- 가미무다마츠오 신사 의장에 이르까지 기지마 야스후미의 설계이념과 배경
  - 역사의 계승성 시점에서
  (도카이대학 건축학과 우수논문상, 건축사교류회 발표, 일본건축학회 우수졸업논문상)
- 오오카타 마사오(大高正人)에 의한 농촌계획에 대하여
  - 하나이즈미 농협회관(花泉農協會館)과 시즈오카 농협(靜岡農協)센터를 중심으로 -
- JR相規線社家역과 쿠라미(倉見)역의 건설경과에 대하여
  - 초기 RC조 역사로서의 측면 -
- 조지 나가시마의 가구제작 프로세스에 있어서의 디자인 사상에 대하여
- 안토닌 레이몬드에 의한 두 개의 동경골프클럽
  - 의장을 통해서 보는 설계사상의 변천 -
- 근대 공장건축의 보존, 재생에 있어서 문제점과 그 가능성에 대하여
- 이치우라 켄(市浦健)과 하마구치 미호(浜口ミホ)에 의한 근대 일본주택의 부엌계획 이론에 대하여
- 무라노 토고(村野藤吾) 작품에서 나타나는 대지와 건물 접지면의 의장변화
  - 1950년 이후의 작품을 중심으로 -
- 지오 폰티의 만년 건축에서 나타나는 설계사상 (도카이대학 건축학과 우수논문상)
- 1950년대 영국의 independent group의 사상과 활동에 대하여
  - 건축가 아리슨 & 피터 스미슨의 제안을 통하여 -
- 1941년 개최된 『선택, 보존, 창조』 전람회에 대하여

본론 1 :
스켈톤(skeleton)을 구성한다

건축의 기본설계에서는 많은 스터디 모형을 제작한다. 나도 설계사무소 근무 시절 지겨울 정도로 만들었다. 여기서 중요한 것은 기둥이나 벽을 바꿀 수 있도록 임시로 고정하는 형태로 만드는 것이다. 완성 모형과 같이 스티로폼이나 보드 등으로 고정하지 않고 핀으로 고정시킨다. 건물의 전체구조와 공간의 구성을 검토하는 것이 목적이기 때문이다. 모형이라고 무시해서는 안 된다. 모형으로 성립하는 것은 실제 건축이 되고, 반대로 모형으로 성립하지 못하는 것은 건축이 될 수 없다는 것이 내가 근무한 사무실에서 얻은 교훈 중 하나이다.

논문의 논리가 정리되면 건축의 모형과 같이 논문의 가설 구성을 해보는 것이 좋다. 논문의 스켈톤(뼈대, 구조), 즉 윤곽(outline)을 설정하는 것이다. 그렇게 함으로써 장(章)이나 패러그래프가 정말 논문을 지지하는 구조체가 되고 있는지, 필요 없는 기둥이나 보, 벽이 있는지를 검토할 수 있다. 논문에 필요도 없는 기둥, 보, 벽이 있다. 이는 패러그래프의 토픽 센텐스(topic Sentence, 문제제기와 주장)를 서포트 센텐스(support sentence)가 지지하고 있지 않다는 뜻이다.

논문구조는 문제제기 → 주장 → 근거라는 3박자가 조화를 이루어야 한다. 그 이유는 논문의 기본구조인 패러그래프가 똑같이 3박자라는 상이형(相似形)을 갖고 있기 때문이라고도 말했다. 주장을 지지하는 근거를 3개 열거할 수 있다면 논문으로서 아름다운 구조가 된다고도 했다. 이를 의식하면서 논문의 뼈대를 만들자.

서론의 도입부에서는 연구의 배경과 동기, 문제 제시부에서는 자신이 주장하는 문제를 제시하고 연구목적, 방법, 선행연구를 서술한다. 단지, 이런 분류방법은 엄격하게 지켜야 하는 규칙은 아니다. 독자에게 알기 쉽게 전달하는 작성법을 자기 나름대로 생각해 본다.

다음은 본론으로 넘어간다. 이것은 논문의 주장을 지지하는 근거에 해당한다. 3개의 '장(章)' 을 세우고 주장을 지지하는 근거를 각 장에서 서술한다. 또한 각 장을 3개로 구분한 것이 '절(節)' 이다.

논문작성법에는 여러 가지 약속이 있다. 그 중 하나로서 근거의 순서가 있다. 명쾌한 구조를 갖기 위해서도 근거의 순서는 매우 중요하다. 시간축, 공간축에 따라 기술하는 것이 기본적인 원칙이다. 시간축이란 옛날 것부터 새로운 것으로의 순서이다. 즉 조금 전까지 건축가의 유년시기를 서술했는데 갑자기 성숙기의 작품분석을 해서는 곤란하다. 공간축이란, P.123에서 언급했듯이 전체에서 부분으로 하는 것이 기본이다. 그러나 위에서 아래, 오른쪽에서 왼쪽으로, 동서남북 등이라는 순서도 있다.

장(章)과 절(節)을 정하기 위해서는 P.73에서 소개한 KJ법 사용을 권한다. KJ법은 브레인스토밍(Brainstorming)에서 사용하는 것이 본래 목적이지만, 여기에서는 대략적인 스켈톤을 확보해 가면서 그 순서나 계층, 그룹화를 검토하기 위해 사용한다.

스켈톤이 구성되면 3박자로 구성되어 있는지, 논리의 정합성(整合性)이 갖추어져 있는지, 3개의 근거가 논문의 주장에 필요한 것인지가 중요하다. 정합성이 없는 경우 논문의 주장에 일관성(consistency)이 없어 보인다.

완성된 논문의 구조는 실제 논문을 쓸 때 앞에 갖다 놓고 항상 논문의 전체 구조를 확인한다. 실제로 쓰기 시작하면 모순점이 나타나 구조를 변경해야 하는 경우도 있다. 따라서 고정시킨 모형이 아닌 언제라도 바꿀 수 있는 스터디 모형이 중요하다.

논문 스켈톤 사례

가상 타이틀 : 구조가 패릭스 사무엘에 의한 영국 모더니즘 운동에 미친 역할

– 테크놀러지로서의 구조 –

서 론

1. 문제도입 (구조가의 모더니즘 운동에 미친 역할의 중요성, 보존, 재생, 지속사회의 중요성)
2. 문제제기 (사무엘의 존재, 지금까지의 평가, 관여한 작품의 중요성, 특징, 기술적 의의, 구조설계 이외의 활동)

선행연구와의 비교 (영국 모더니즘 운동 자체의 평가, 구조가의 연구, Ove Arup 연구)

본 론

제1장 구조가로서의 활동 (영국으로 건너간 경위, 교육이력을 포함)

1-1 펭귄 풀 (tekton, 루베스킨, RC조형의 가능성)

1-2 듀월 파빌리온 (멘델존, 철골조 용접의 기술)

1-3 영국 축제 스카이론 (공법과정, 텐션)

제2장 도시계획가로서의 활동

2-1 MARS 그룹 (참가, 활동, CIAM과의 관련)

2-2 MARS 런던계획 (소위원회, M플라이)

2-3 LCC계획 (1943년 LCC런던계획과의 관련)

제3장 교육자로서의 활동

3-1 AA스쿨에서의 모더니즘 교육 (모더니즘 교육으로의 전환, 배경)

3-2 유닛 시스템의 구조교육 (구조교육의 제안)

3-3 강의내용, 방법 (AA스쿨에서의 기술교육)

결 론

문제 재 제시 사무엘의 역할
(실천적 구조설계, 도시계획 책정, 구조교육)

본론 2 :
3개의 소(장)논문을 쓴다

본론에는 3개의 장(章)이 있다. 이는 주장을 지지하는 근거를 서술한 소논문이 3개 있다는 뜻이다. 각각의 장(소논문)은 다시 3개의 절(節)로 되어 있다. 즉 근거를 서술하는 각 소논문도 서론, 본론, 결론구조를 갖는다.

연극계에서는 종종 무대 위 출연자가 배우와 관객을 동시에 연기하는 극중극(劇中劇)이 있는데, 이와 비슷한 구조이다. 이와 같은 구조를 찬합구조[2]라고 하며, 건축계에서도 건축가 하라 히로시(原廣司)가 1970년대 세계 취락조사를 통하여 「도시를 주거에 이장한다.」라는 생각을 근간으로 도시와 주거를 반전시켜 공동체를 구성하는 주거로서의 실(室)에 의미를 부여하고, 집(도시) 내부에 주거를 끼워넣은 형태로 자택을 계획하였다. 논문구조는 이러한 찬합구조로 되어 있는 것이다. 따라서 장을 구성하는 소논문의 '소(小)' 자를 '장(章)' 으로 바꾸어 '장 논문(章論文)' 이라고 하는 것이 알기 쉬울 수도 있다. 실제로 이러한 말은 없지만 앞으로 '장 논문(章論文)' 으로 설명하겠다.

졸업논문의 경우 P.127에서 서술한 바와 같이 스켈톤의 예비구성이 9월에 만들어졌다면, 이것을 기본으로 3개의 장 논문 작성을 시작한다. 이것을 12월 말까지 완성시킨다. 즉 한 달에 걸쳐 각각의 장 논문을 쓴다는 스케줄을 세울 수 있다.

여기서 논문에서 중요한 것은 논문의 주장을 지지하는 각 장 논문의 구조체이다. 다시 말하면 주장을 지지하는 근거가 어떤 것이며, 그것을 어떻게 전개시킬 것인지를 설명한다. 즉 논문이란 주장이 있는 문장이다. 주장에는 그것을 지지하는 근거가 필요하다. '어쨌든 나는 이 건축이 아름답다고 느낀다! 이상, 끝." 으로는 논문이 될 수 없다.

2) 일본 전통용어로, 형태는 동일하지만 크기가 다른 몇 개의 용기를 대, 중, 소 순으로 포개어 쌓는 시스템을 말함. 모든 용기는 가장 큰 용기 안에 수납되도록 만들어진다.

그러나 건축을 아름답다고 느끼는 것은 매우 중요하다. 오히려 건축 디자인(설계, 논문)은 여기부터 시작해야 한다. 아름다울 뿐만 아니라 신기하고, 재미있고, 이상하다.라고 느끼는 것 이것이 없으면 앞에서 소개한 학생처럼 "나는 대체 무엇에 관심이 있는 걸까요?"라는 질문을 교수한테 던지게 되는 것이다.

어쨌든 아름답다고 느끼는 것을 논문으로 하기에는 그 근거를 서술할 필요가 있다. 아름답다고 느낀 것을 그대로 논문으로 하는 것은 매우 어렵다. 왜냐하면 뭔가 이유가 있어 당신이 아름답다고 느끼는 것과 내가 아름답다고 느끼는 것은 근본적으로 다르기 때문이다. 또는 '같다고 하는 근거를 특정지을 수 없기 때문에' 라고도 말할 수 있다. 이는 철학에서 말하는 인식론 문제이기도 하다. 그러나 방법 및 시점의 변경에 따라 아름다움의 문제를 논문으로 가능하게 할 수 있다.

이것은 머리말에서 서술했듯이 건축역사라는 학문이 건축의 존재를 생각하게 하는 형이상학(metaphysics)적인 시점이 강한 성격을 갖고 있는 것과도 관련이 있다. 아름답다고 느끼는 그 자체가 사회배경 속에서 무엇을 의미하는지 질문하고, 또 구체적인 상(像, icon)을 분석하여 아름다움을 고찰한다(iconology).라고 한다면 논문 주제로서 성립될 것이다.

사실, 18세기 후반부터 낭만주의운동에서 탄생한 미학이라는 학문 자체는 근대에 대한 비판적인 요소를 갖고 있으며, 객관적 입장에서 아름다움을 취급하려는 학문이다. 건축역사라는 학문도 근대에 대한 비판적 자세에서 탄생한 것이라고 할 수 있다. 이처럼 건축역사 자체의 성립을 생각하는 건축역사라는 학문은, 메타건축(meta architecture)인 것이다.

논문은 문제제기와 주장(가설), 근거나 예시에 의한 증명이라는 논증과정을 중요시하고 있다. 논문사독위원회 또는 학술위원회도 과학(science)이란 언어를 사용하여 'Science Commitee' 로 불리는 이유가 여기에 있다. 그야말로 논리학처럼 논증이라는 과정만을 추구하는 학문도 존재한다. 그러나 건축학의 졸업논문이라면 논리학이 전개하는 논증에 대해 깊이 추구할 필요는 없다. 논증이란 무엇인지 인식하는 것은 매우 중요하다. 앞에서 소개한 「논문교실」의 저자인 토다야마 카즈히사(戸田山和久)의 전공은 논리학으로서 이 책의 제6장에는 논리학에서 사용하는 논증에 대한 기술이 서술되어 있다. 또한 노야 시게키(野矢茂樹)의 「입문! 논리학」(추코신쇼출판)에서는 이해하기 쉬운 강의를 듣고 있는 것처럼 읽기 쉬워 추천한다.

건축역사 연구에서의 논증이란 실증주의라는 자세에 있다. 근거가 되는 증거는 기본적으로 기록(다큐멘트)으로 존재한다. 이것은 ①인쇄물 : 저서 · 잡지, ②건축 표현 매체 : 도면 · 사진 · 모형, ③증언 : 인터뷰 · 설명 등 크게 3가지로 분류된다. 따라서 건축역사를 연구한다면 책 읽는 것을 싫어하지 않는 것이 절대조건이다. 일본건축역사라면 고문서를 읽을 필요가 있으며 루마니아 건축역사를 한다면 루마니아어를 이해할 필요가 있다. 그리고 무엇보다 건축역사 연구에 있어서 중요한 것은, 지적 체력과 함께 신체적 체력이 있어야 한다. 즉 세계 어느 나라를 가더라도 식사를 맛있게 할 수 있는 강력한 위장과 (건축역사가 중에는 대식가가 많다) 현장조사를 위해서는 유럽 도시 어느 곳이든 무리없이 걸어다닐 수 있는 건강한 다리를 가지고 있어야 한다.

아이디어를 버리고
발효를 기다린다

사실, 3개의 장(章) 논문을 쓰는 시점에서는 논문작성 작업이 99% 끝나게 된다. 이 99%에 대하여 일본 근대건축의 거장 중 한 사람인 무라노 토고(村野藤吾)는 다음과 같이 설명하고 있다. 건축설계의 99%는 건축주가 말하는 것을 듣는 것이고, 나머지 1%에 건축가의 아이디어를 삽입하는 것이다. 이는 어디까지나 설계에 대한 태도 문제로 받아들여야 하며 그렇지 않으면 건축가의 역할은 단지 도면을 수정하는 것에 그치게 된다. 반대로 이 1%에 건축가 본연의 작업이 있다고 무라노 토고는 생각했던 것이다. 어쩌면 그가 의도한 건축설계란 수많은 아이디어를 내고 시행착오를 거치면서 단 하나의 아이디어를 끄집어내는 것이라 할 수 있다. 예를 들면 불순물이 섞인 오염된 물을 몇 장의 필터를 통과시켜 단 한방울의 순수한 물을 정제하는 작업과 같다고 할 수 있다. 다이아몬드도 연마하지 않으면 그저 하나의 돌에 불과하다. 언어로 말하는 것은 쉬우나 실제 뼈를 깎아내듯이 고통스러운 일이다.

논문작성에서도 이와 동일하다. 논문의 초점을 결정해 갈 때, 즉 테마에서부터 문제제기, 주장, 근거를 설정할 때, 이 시기가 정신적 · 육체적으로 가장 힘든 시기이다. 시간이 없어 논문을 쓸 수 없다고 한탄하는 연구자가 있지만, 그것은 단순히 대학의 잡무와 학생지도에 시달려 집필 시간이 없다는 것이 아니라 모처럼 생각한 아이디어를 버릴 수 없는, 최후의 한 방울이 제대로 안 나온다는 것을 말한다. 어느 정도 연구를 계속해 가면 문제 설정과 주장에 대해 여러 가지 아이디어가 나온다. 그와 동시에 자료를 수집하고 이해도 잘 할 수 있게 된다. 그러나 그 아이디어를 순수한 최후의 한 방울로 하기 위해서는 많은 스케치를 거치고, 쓰고 지우는 설계와 비슷한 작업을 할 필요가 있다. 매우 귀중한 가치 있는 자료나 고서(古書)를 많이 수집했으나 그 주장에 관계가 없으면 그것은 그냥 책 선반에 올려놔야 한다.

아무리해도 아이디어가 나오지 않을 경우 어떻게 하면 좋을까? 간단하다. 일단 논문을 머리에서 지워라. 아무것도 하지 말고 발효되기를 기다리는 것이다. 단, 졸업논문의 경우 최대 2주 동안만 그렇게 해야 하고, 잘못하면 안 된다. 잊어버리기 위해서는 미리 작업을 해 두어야 한다. 아무것도 안 하는데 아이디어는 나올 수 없고, 발효가 아닌 부패하게 된다. 바꾸어 말하면 냉정해지는 시간, 객관적으로 자기 자신을 뒤돌아보는 시간을 갖는다는 의미이다.

객관적이 되기 위해서는 몇 가지 방법이 있다. 지도교수는 물론 자신의 연구내용을 다른 분야의 교수 또는 아르바이트하는 사무소의 소장, 친구에게 상담하는 경우도 있다. 자신을 객관적으로 알기에는 유효한 방법이다. 또 다른 방법으로 이것은 자기 스스로 할 수 있는 것으로 논문의 논리를 만들 때 항상 네거티브 오퍼레이션(negative operation), 즉 생각하고 있는 것과 반대 개념의 질문을 설정해 보는 것이다. 앞에서 카를로 스칼파 연구를 예로 한다면 '스칼파의 작품은 유기주의로 평가되고 있으나 원래 그것은 스칼파 자신의 생각이 아니었던 것이 아닌지, 이것은 단순히 동요(agitation)에 불과한 것이 아닐까?' (이것도 가설의 가설이다) 등의 질문이다. 철학자 칼 포퍼(Karl Raimund Popper)가 제시한 반박=반증성(反性)을 갖는 것이 과학과 비과학을 분리하는 경계이다.라는 유명한 '경계설정(demarcation)이론' 이 있다. 즉 자신의 이론, 가설에 대하여 반박할 수 있을지 아닐지, 반박을 못하는 것은 과학적 주장이 될 수 없다.라는 것이다.

또 하나, 냉정해지기 위한 방법으로서 스스로 하루 생활의 리듬을 생각해 보는 것이 있다. 이것은 어디까지나 나의 경우이지만, 하루의 일과 중에서 두뇌작업은 아침에 하고 있다. 오후에는 수업과 학생지도가 있고 저녁에는 회의가 있는 경우가 많고, 귀가하면 지적으로도 체력적으로도 아이디어를 생각할 여유가 없다. 아이디어가 나온다고 해도 하룻밤이 지나면 '엉?' 하고 머리를 갸우뚱! 하는 경우가 종종 있다.

아이디어가 막힐 경우에는 산책을 한다. 역사적으로도 사색에 산책은 따라 다니는 것으로 소크라테스는 아테네거리를 걸어 다니면서 스스로의 무지(無知)를 질문하고, 낭만파 시인인 워즈워드(William Wordworth)는 하루에 수 킬로미터가 넘는 호수 지방을 걷고 자연에 관한 시를 만들었다. 독일의 철학자 칸트(Immanuel Kant)는 매일 같은 길을 같은 시간에 산책하여 순수이성비판을 탄생시켰다(사람들은 칸트의 모습을 보고 시계바늘을 맞췄다고 한다).

어쨌든 논문이나 설계의 아이디어를 가다듬기 위해서는 뼈를 깎는 생각으로, 그리고 자기비판적 입장에 서서 스스로의 아이디어를 구성할 필요가 있다.

여행하는 것도 유효한 방법이다. 베를린의 필하모니 홀과 데사우(Dessau)의 바우하우스를 방문했을 때의 스케치. (1998년 4월 3일)

Step 4

실시설계

개요란

확인신청서와 같다

최근 건축확인신청서가 매우 엄격해졌다는 이야기를 자주 듣는다. 2005년에 폭로된 구조계산서 위조문제의 영향으로 건축확인신청의 심사 시스템이 혼란을 일으키고 설계자에 대한 불신감 증가가 그 원인이었다. 설계자인 건축사를 비롯하여 구조설계자, 시공자들의 제작에 대한 윤리감과 자부심은 대체 어떻게 되었는지 우려된다.

설계사무소에 근무할 때, 건축확인신청서 작성에 무척 고생한 경험이 있다. 그 경험을 말하면, 신청작업이란 것을 가능한 피해가고 싶은 것이 솔직한 심정이다. 아침 일찍 시청의 건축지도과에 가서 순서를 기다려 질문사항에 대한 설명을 하지만 담당자에 따라서 힘들어진다.

한 번은 계단수 해석을 가지고 격하게 토론하게 되어(건축기준법에서 준 2층에 대한 규정은 없기 때문에 주의할 것), 그 결과 14층 오피스 건물이 15층이 되어버린 적이 있었다. 한 개 층이 늘어나 다행이네! 라고 쉽게 말할 수 없는 것이 당초 계획에는 필요 없었던 특별피난계단과 부속실이 부가되어 평면계획의 재검토, 즉 오피스 건물계획에서는 가장 중요한 코어(core) 주변의 설계를 다시 해야만 했다. 방재계획서와 구조심사용의 추가자료도 제출해야 했고, 보통 이 시점에서 책임지고 물러나지만 건축주가 예전부터 알고 지내던 출판사였기 때문에 반년 정도 설계가 연기되었고 이런 사정을 이해해 주었다.

이런 핑계에는, 사실 설계기간이 연장됨으로써 다가오는 스트레스와 건축주를 포함한 건축과 관련한 모든 것에 실패하게 된다는 것이다. 대형사무소는 프로젝트가 많이 있고 설계기간이 연장되면 다른 프로젝트를 할 시간이 없어지므로 설계를 신속하게 진행해야 한다. 소규모 사무소는 프로젝트가 그다지 많지 않기 때문에 설계를 빨리 종료하고(건축확인신청을 통과하고), 다음 프로젝트를 찾아야 한다. 건축주 또는 시공사는 건설자금의 대출기간을 짧게 하기 위해 가능한 빨리 건축확인신청을 통과하여 착공할 필요가 있다. 이와 같이 본래 건축에는 질적인 가치(디자인)가 토론되어야 함에도 불구하고 양적인 가치(금전)에 따라 인간이 움직이게 된다.

빨리 논문의 실시설계에 들어가야 한다. 건축설계의 경우 실시설계로 들어감과 동시에 건축확인신청용 도면과 관련서류를 만들지만, 논문에서도 확인신청서가 있다. 논문진행과 동시에 제출하는 개요에 대하여 A4용지 2장에 논문 내용을 정리한 논문 개요서가 있다. 사실, 논문심사(중간발표)에서는 심사위원 전원에게 개요를 복사한 것을 배포하고 그것을 보면서 질의 응답이 진행된다. 논문의 기본설계가 거의 완성되었다면 개요를 가능한 빨리 작성하여 확인신청서로서 지도교수한테 제출해야 한다. 학생 중에는 상당히 노력하여 지도교수의 확인을 받기도 전에 착공하고 논문을 제출하는 학생도 있다. 물론 집필하기 시작하면 변수가 생길 수도 있다. 그때는 논문구조(문제제기 → 주장 → 근거)가 바뀌지 않는 한 개요내용을 설계변경이란 형태로 수정해야 한다.

개요는 논문의 에세이라고 생각하면 된다. 논문의 서론, 본론, 결론의 개요 및 각주, 참고문헌을 쓰면 좋다. 논문이란 이 개요를 확장하여 부풀린 것이라고 말해도 될 것이다.

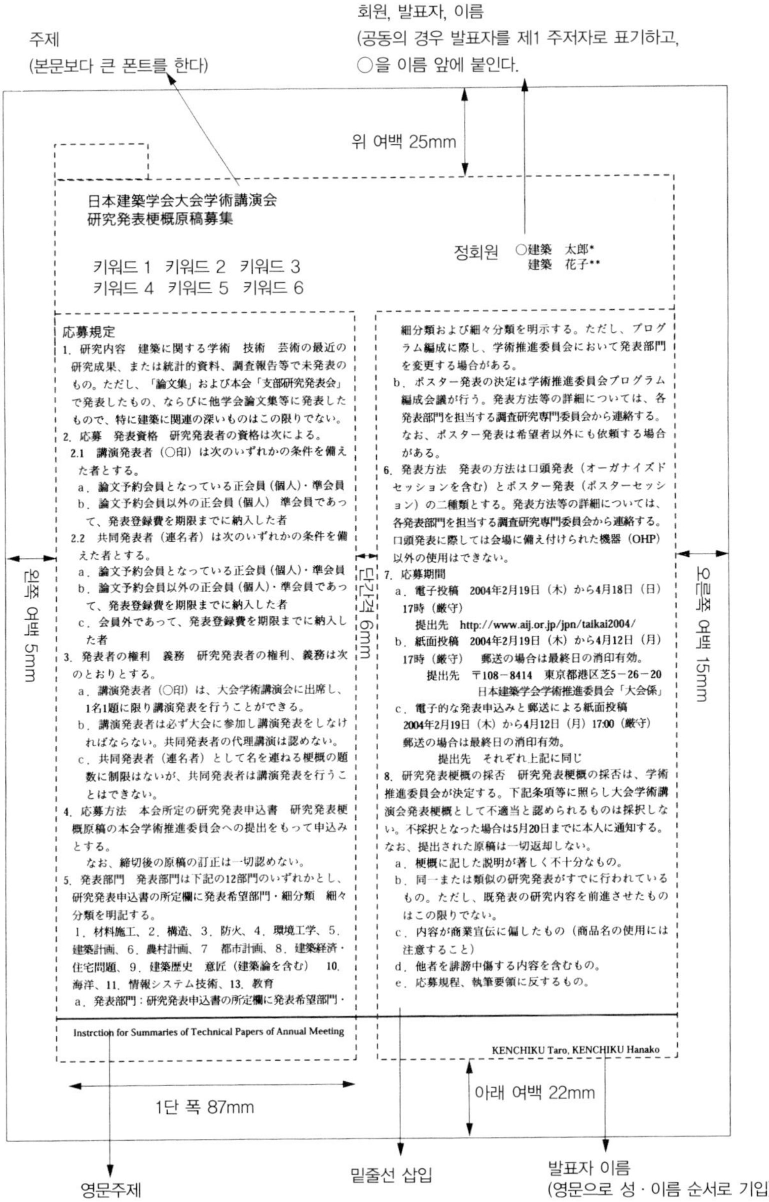

日本建築学会大会学術講演会
研究発表梗概原稿募集

정회원　○建築　太郎*
　　　　　建築　花子**

키워드 1　키워드 2　키워드 3
키워드 4　키워드 5　키워드 6

応募規定

1. 研究内容　建築に関する学術　技術　芸術の最近の研究成果、または統計的資料、調査報告等で未発表のもの。ただし、「論文集」および本会「支部研究発表会」で発表したもの、ならびに他学会論文集等に発表したもので、特に建築に関連の深いものはこの限りでない。

2. 応募　発表資格　研究発表者の資格は次による。

2.1　講演発表者（○印）は次のいずれかの条件を備えた者とする。

a．論文予約会員となっている正会員（個人）・準会員

b．論文予約会員以外の正会員（個人）　準会員であって、発表登録費を期限までに納入した者

2.2　共同発表者（連名者）は次のいずれかの条件を備えた者とする。

a．論文予約会員となっている正会員（個人）・準会員

b．論文予約会員以外の正会員（個人）・準会員であって、発表登録費を期限までに納入した者

c．会員外であって、発表登録費を期限までに納入した者

3. 発表者の権利　義務　研究発表者の権利、義務は次のとおりとする。

a．講演発表者（○印）は、大会学術講演会に出席し、1名1題に限り講演発表を行うことができる。

b．講演発表者は必ず大会に参加し講演発表をしなければならない。共同発表者の代理講演は認めない。

c．共同発表者（連名者）として名を連ねる梗概の題数に制限はないが、共同発表者は講演発表を行うことはできない。

4. 応募方法　本会所定の研究発表申込書　研究発表梗概原稿の本会学術推進委員会への提出をもって申込みとする。

なお、締切後の原稿の訂正は一切認めない。

5. 発表部門　発表部門は下記の12部門のいずれかとし、研究発表申込書の所定欄に発表希望部門・細分類　細々分類を明記する。

1．材料施工、2．構造、3．防火、4．環境工学、5．建築計画、6．農村計画、7　都市計画、8．建築経済・住宅問題、9．建築歴史　意匠（建築論を含む）　10．海洋、11．情報システム技術、13．教育

a．発表部門：研究発表申込書の所定欄に発表希望部門・細分類および細々分類を明示する。ただし、プログラム編成に際し、学術推進委員会において発表部門を変更する場合がある。

b．ポスター発表の決定は学術推進委員会プログラム編成会議が行う。発表方法等の詳細については、各発表部門を担当する調査研究専門委員会から連絡する。なお、ポスター発表は希望者以外にも依頼する場合がある。

6. 発表方法　発表の方法は口頭発表（オーガナイズドセッションを含む）とポスター発表（ポスターセッション）の二種類とする。発表方法等の詳細については、各発表部門を担当する調査研究専門委員会から連絡する。口頭発表に際しては会場に備え付けられた機器（OHP）以外の使用はできない。

7. 応募期間

a．電子投稿　2004年2月19日（木）から4月18日（日）17時（厳守）
　提出先　http://www.aij.or.jp/jpn/taikai2004/

b．紙面投稿　2004年2月19日（木）から4月12日（月）17時（厳守）　郵送の場合は最終日の消印有効。
　提出先　〒108－8414　東京都港区芝5－26－20
　日本建築学会学術推進委員会「大会係」

c．電子的な発表申込みと郵送による紙面投稿
2004年2月19日（木）から4月12日（月）17:00（厳守）
郵送の場合は最終日の消印有効。
　提出先　それぞれ上記に同じ

8. 研究発表梗概の採否　研究発表梗概の採否は、学術推進委員会が決定する。下記条項等に照らし大会学術講演会発表梗概として不適当と認められるものは採択しない。不採択となった場合は5月20日までに本人に通知する。なお、提出された原稿は一切返却しない。

a．梗概に記した説明が著しく不十分なもの。

b．同一または類似の研究発表がすでに行われているもの。ただし、既発表の研究内容を前進させたものはこの限りでない。

c．内容が商業宣伝に偏したもの（商品名の使用には注意すること）

d．他者を誹謗中傷する内容を含むもの。

e．応募規程、執筆要領に反するもの。

Instrction for Summaries of Technical Papers of Annual Meeting

KENCHIKU Taro, KENCHIKU Hanako

일본건축학회 학술대회의 개요 양식

공정표와

개산서(槪算書)를 만든다

논문을 작성하기에 앞서 해야 할 것이 2가지 있다. 하나는 스케줄 확인이다. 보통 설계사무소에서는 설계를 시작하기 전에 언제까지 어떤 도면을 제작할지, 도면을 제작하면서 누구(구조설계자, 설비설계자, 시공자 등)와 협의를 해야 할지 등을 막대그래프의 공정표로 만들어 책상 앞에 붙여 놓는다. 나는 이런 방법이 습관이 되어 중간발표가 끝난 시점에서 학생에게 졸업논문과 졸업설계의 공정표를 만들게 한다. 중간발표에서 개요, 즉 확인신청서를 제출했기 때문에 자신이 해야 할 일의 양을 대략 알고 있을 것이다.

대단한 논문을 만들 수는 없지만, 최종 제출일까지 겨우 3개월 정도 남아 있기 때문에 1주일 단위로 세부적인 작업공정을 세울 수 있다. 중간발표에서 논문 주제를 부득이하게 변경해야 하는 학생도 있지만, 초점을 정리하면 주제를 크게 변경하지 않고서도 제출일까지 노력하여 잘 마무리해 가는 학생이 대부분이다. 지도교수도 이 단계에서 논문의 의미를 찾을 수 없다거나, 건축학과의 논문이 아니다와 같이 부정적으로 하지 말고, 이 부분은 흥미로우니까 이와 같은 전개 방법이 있지 않을까? 등 긍정적인 지적을 해야 한다고 생각한다. 지도교수로부터 재조사하라는 말을 듣게 되는 경우도 있지만, "지금부터 글라스고에 가서 매킨토시의 건축을 보고 오겠습니다."하면, '학생 제 정신이야?라고 말하고 싶어진다. 즉 공정표 작성 자체도 커다란 의미에서 '설계 = 디자인' 이라는 행위인 것이다. 그야말로 시간을 디자인하는 것이다.

두 번째는, 개산서(概算書) 작성이다. 건축설계의 경우 이는 매우 중요하다. 설계가 끝나고 견적을 해보면 예산의 배 이상이 되는 경우가 있고, 이는 건축주에 대한 사기행위와 유사하다. 이 재료는 얼마이므로 보이는 곳에만 사용한다, 이 기둥을 삭제하면 특별한 구조형식이 되기 때문에 이 곳에 기둥을 세우자 등등, 디자인에는 언제나 금전적인 문제가 많다. 그래서 좋은 건축을 설계하기 위해서는 디자인과 예산(경제성)을 대응시키거나 균형을 잡는 능력을 습득하기 위해 장시간의 경험과 수련이 필요하다. 최근에는 젊어서부터 독립하고 잡지에 등장하는 건축가가 많다. 그 중에는 재능 있는 건축가도 있지만, 어떤 건축가이든 사람에게 신뢰받기까지는 그에 상응하는 기간이 걸릴 것으로 생각한다.

논문의 개산서란, 글자수의 제한 확인과 논문의 문장 양(文量) 배분을 검토하는 것이라고 할 수 있다. 우리 대학에서 명확한 규정은 없으나 문장으로 A4용지 50페이지 정도를 기준으로 하고 있다. 여기서 '문장으로'라는 것이 중요하다. 그렇지 않으면 엑셀(excel)로 만든 표가 가득한 논문도 상관없다는 것이 되고, 개요에 약간의 보완만 한 정도의 문장 분량도 통과되기 때문이다. AA스쿨의 경우 글자수 제한은 매우 엄격하여 졸업논문(Diploma Thesis)은 10000~15000 words 라는 규정이 있다.

지금은 거의 모든 문장작성 소프트(Microsoft office Word)가 중심이 되어 글자수를 확인할 수 있기 때문에 논문을 집필하면서 체크할 수 있다. 실제 작업에서는 될 수 있는 한 많이 쓰고, 나중에 필요 없는 부분을 삭제해 가는 것이다. 이것도 습관이 되면 A4용지 몇 장이면 글자수는 어느 정도가 되는지 알게 되고, 너무 많이 쓰지 않도록 적절히 조절하게 되어 쓸데 없는 작업을 줄이게 된다. 문장의 양을 배분하는 것은 사람에 따라 다르지만 나의 경우 서론 15%, 본론 80%, 결론 5% 정도가 균형 있는 논문이 된다고 생각한다.

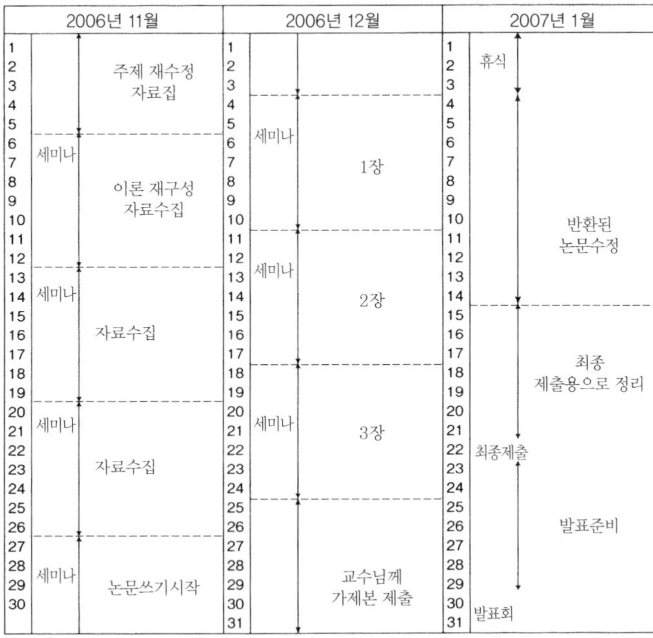

세미나생 K군의 졸업논문 공정표

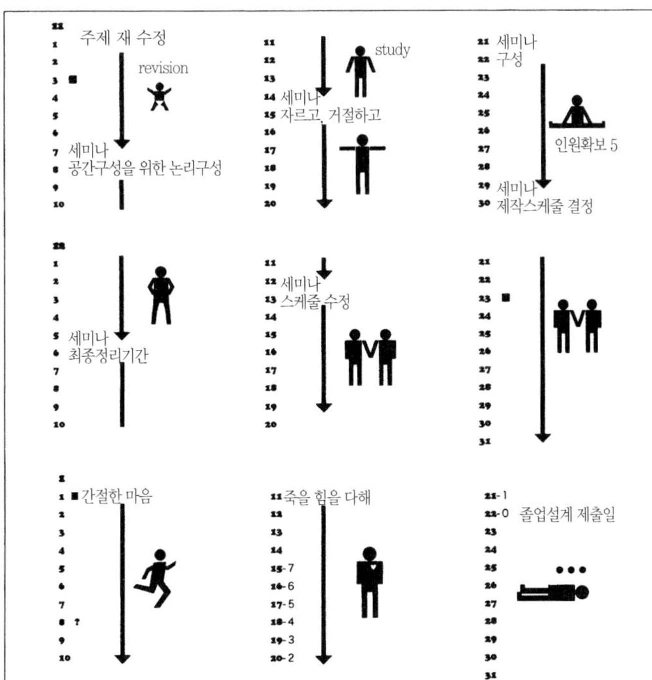

세미나생 S의 졸업논문 공정표

문장의 의미·
의미 부여에 주의한다

지금까지 설명한 내용은 구체적인 문장 쓰기는 아니다. 실시설계라 해도 어디까지나 논문을 완성으로 이끌기 위한 준비이다. 논문에서 가장 중요한 부분을 서론이라고 했다. 서론에 논문의 핵심이 있다. 그러나 논문 집필 작업의 중심은 본론 작성에 있다. 「Step 3 기본설계 」에서는 본론을 쓰는데 필요한 논문구조와 논리 만들기 방법에 대하여 이야기했다. 이 책의 핵심은 바로 여기에 있다. 문장을 쓸 때에는 기술이 필요하다는 것을 잊어서는 안 된다. 여기에서는 문장을 쓰는 기술 중 하나인 「문장의 의미 · 의미부여에 주의한다」에 대하여 이야기한다.

이것은 도면의 선긋기 방법과 유사하다. 즉 선긋기 방법, CAD의 복잡한 조작방법이 아닌 선의 의미를 이해하는 것이 중요하다. 1학년의 제도 수업에서 선의 굵기에 차이가 있음을 배웠을 것이다. 선의 사용을 나눈다는 것은 건축을 이해할 필요가 있다. 단면선은 굵은선으로, 보여지는 것은 중간 굵기의 선, 보이지 않는 선인 벽중심선, 치수선은 가는 굵기의 선을 사용한다. 대학 3학년이 되어도 모두 같은 굵기의 선으로 도면을 그리는 학생이 있다. 선을 보기만 해도 학생이 건축을 이해하고 있는지 아닌지 알 수 있다.

선의 의미를 이해하지 못하면 정확한 도면을 그릴 수 없듯이 논문을 구성하는 문장의 의미와 의미 부여를 이해하지 못하면 올바른 논문은 쓸 수 없다고 생각한다. 의미라고 하는 것은 언어 자체가 갖는 의미가 아니라 그 문장이 어떤 성격을 갖는 것인가? 하는 것이다. 논문에 사용되는 문장에는 자신의 의견을 서술하는 것, 사실을 말하는 것, 사람의 의견을 소개하는 것 등 크게 종류가 있다. 가장 중요한 것은 자신의 의견이다. 여기에는 애매모호한 선이 아닌 명확한 단면선을 긋는 것처럼 자신 있게 쓰길 바란다(볼드처리하거나 밑줄을 긋는 것이 아니다). 쓰고 나면 그때부터는 책임을 져야 한다. 그 근거인 이유나 사례를 증거로 제시해야 한다.

다음으로 중요한 것은 사실을 서술하는 문장이다. 이것은 어디까지나 객관적인 사실, 예를 들면 시대적 배경이나 건축가의 약력 등을 서술하는 부분이다. 이미 상식으로 되어 있는 사실을 냉정함을 갖고 보여지는 선을 순조로운 중간 굵기의 선으로 긋듯이 날렵하게 쓰면 좋다. 그리고 사람의 의견을 소개하는 글은 아무리 그 사람의 의견을 강조하고 싶어도 자신의 의견처럼 굵은선으로 써서는 안 된다. 그 문장이 논문을 쓰는 본인의 의견인지 다른 사람의 의견인지 혼돈되기 때문이다. 단지, 약한 선이 되어서는 안 된다. 가늘고, 확고하며 명확한 선이어야 한다. 논문에서는 다른 사람

[사례 1] 타이틀 : 지오 폰티의 만년 건축에서 나타나는 설계사상

① 자신의 의견을 서술한다

폰티 만년의 건축에서는 파사드만이 아닌 육각형이 많이 사용되고 있다. 그에 의한 종교건축에는 폰티가 지향하는 '영원성'이 반영되어 있었다. 폰티는 건축의 영원성을 실현하기 위하여 신소재 사용이라는 탐험적 실험을 하였고, 입체의 표면을 처리할 때 감수성을 중요시하고, 벽면이나 지붕 또는 문이나 창을 건축의 중요한 요소로 재평가하고 있다. 낮과 밤이라는 이중성을 고려하여 빛의 교묘한 취급방법을 중요시하고 사람들을 위한 '영원성'이 나타난 종교건축을 표현한 것이다.

② 사실을 서술한다

폰티는 1928년 DOMUS 편집장이 되었다. 사람들을 자극하고 고무시키고 유도하기 위한 매체로서 도무스 잡지를 사용하여 미래파 등의 운동과는 다른 형태로 사람들의 문화에 커다란 영향을 미쳤다. (중략)

영국에서는 수호성인 프란체스코가 그리스도와 동등하게 숭배되고 있으며, 아씨시에 있는 성프란체스코 대성당에는 스테인드 글라스와 장식부분에 육각형을 볼 수 있다.

③ 사람의 의견을 소개한다

형태는 기하학적인 법칙성이라는 것을 갖고 있으며, 자연계에서 대표적인 사례로는 결정(結晶)이다. 또한 「육각형」이라는 형태 자체, 자연의 기하학적인 비밀을 갖고 있다*는 미술사상가이면서 미술사가인 르네 유이그(Rene Huyghe)는 말하고 있다.

의 말을 쓸 때 각주를 달아 명확하게 구별하고 독자에게 주의를 주지시킨다. 참고 사례로 세미나 학생의 졸업논문 일부를 소개한다.

인용문이 줄줄이 계속되고 그것이 대부분을 차지하고 있는 논문을 간혹 볼 수 있는데, 마치 가는선만으로 그려져 있어서 어디가 벽이고 기둥인지 알 수 없는 건축도면처럼 자신의 의견은 없고 다른 사람의 의견을 소개하는데 논문이 끝나버리는 도대체 누구의 논문인지 알 수 없게 된다.

[사례 2] 타이틀 : 이치우라 켄(市浦健)과 하마구치 미호(浜口ミホ)에 의한 근대 일본주택의 부엌계획 이론에 대하여

① 자신의 의견을 서술한다

하마구치 미호의 원점은 이치우라 켄에 의한 「주택의 평면계획」에서 나타난다고 지적할 수 있다. 하마구치는 이치우라의 생각을 중심으로 하면서도 그의 이론적인 시점으로부터 일단 떨어져 역사를 되돌아본 뒤, 여성의 시점을 고려한 시야에서 주택을 취급하고 있다. 여기에 하마구치의 독자성을 볼 수 있다. 그러나 그 어느 쪽도 부엌이라는 장소를 주택의 공간구성에서 중요하게 다루어져야 한다고 보고 가사노동을 경감하려는 목적은 같다. 여기서 하마구치는 이치우라의 생각에 자신의 시점을 맞춤으로써 부엌설계이론을 확립했다고 생각할 수 있다.

② 사실을 서술한다

이치우라는 동경여자고등사범학교(현, 오차노미즈여자대학)에서 「주택학」을 가르치고 있었다. 하마구치에게 있어서 이 수업이 주택계획을 공부하게 되는 시작으로 추정할 수 있다. (중략) 하마구치는 동경여자고등사범학교에서 이치우라에게 배우고 1938년 동경제국대학 건축학과 청강생으로 1년간 공부한 뒤, 마에카와 쿠니오(前川國男)건축설계사무소에 근무했다.

③ 사람의 의견을 소개한다

이치우라는 부엌에 대하여 '부엌은 주택의 4대 부분의 하나로서, 부엌 주변의 중심이며, 가정의 식사조리 공간이다. 부엌은 기능적으로 공장의 작업장으로서 완전하지 않으면 안 된다. 가정의 부엌은 조리를 본업으로 하는 요리사가 아닌 부인 또는 가정부가 가장 효율성이 높은 움직임을 할 수 있도록 설계되어야 한다.' *고 지적하고 있다.

*참고논문이나 인용이 있는 경우, 「주」를 달아 문장 끝에 문헌 또는 인용 출처를 명기한다.

문장 연결에 주의한다

논문 작성에서 중요한 두 번째 기술은 문장 연결에 주의하는 것이다. 앞에서 소개한 노야 시게키(野矢茂樹)는 「입문! 논리학」에서 논증은 접속사가 매우 중요한 역할을 담당하고 있다고 지적하고 있다. 그렇다면 접속사란 무엇인가.

여기서 유명한 3단 논법을 소개한다. 예를 들면 '르 코르뷔지에는 건축가다. 건축가는 건물을 디자인하는 사람이다. 따라서 코르뷔지에는 건물디자인하는 사람이다.' 라는 문장이다. 여기서 '따라서' 는 접속사이다. 이것을 다른 접속사인 '그러나' 로 바꾸면 '르 코르뷔지에는 건축가다. 건축가는 건물을 디자인하는 사람이다. 그러나 코르뷔지에는 건물디자인을 하는 사람이다.' 가 되고 '그러나' 의 앞뒤 문장 연결이 안 된다.

이것을 건축의 실시설계와 대비해 보자. 부재와 부재와의 연결, 예를 들면 건물과 지면, 기둥과 벽, 벽과 천장, 유리와 철과의 연결에 주의하라는 것과 비슷하다. 건축설계에서는 이와같은 부재와 부재의 「연결」을 단념, 분절이라는 「분리방법」으로 쓰고 있다. 연결하는 것도 분리하는 것 중 하나이다.

르 코르뷔지에는 근대건축 5원칙에서 1층 바닥을 올리고 그곳을 기둥만 있는 공간으로 하여 올려진 바닥 밑을 사람이 통과할 수 있도록 하거나 그곳에 주차장을 만드는 방법=필로티를 제창하였다. 이것은 건물과 지면을 분리하는 방법이다. 건축은 자연과는 다른 구축물이라는 의식이 강했기 때문일 것이다. 그 후 많은 건축가들에 의해 지면에서부터 바닥을 분리시킨 건축이 세워지고 있다. 한편, 코르뷔지에의 대표작인 롱샹교회는 지면에서 탄생한 듯한 건축을 만들어 세상을 놀라게 했다. 이와 같이 코르뷔지에는 말하는 것과 실제로 하는 것이 다른 것으로 유명하다(그렇기 때문에 재미있다). 여담이지만, 일본에서도 대지와의 연결성을 생각한 건축가로서 무라노 토고(村野藤吾)가 있다.

또한 예전에 어떤 강연회에서 건축가 나이토 히로시(內藤廣)가 건축의 디테일이란, 독립된 개체로는 사용할 수 없는 부재를 몇 개 조합시키는 것이며, 건축의 수명을 보다 연장시키기 위해 생각한 부재의 연결방법, 조합방법이다. 라고 말한 적이 있다. 무척 말을 잘하여 감탄해서 기억하고 있다.

이와 같이 건축의 실시설계에서는 부재와 부재, 부위와 부위의 연결 또는 분리방법을 검토하는 상세설계가 필요하다. 구조체인 기둥과 보의 연결이 미비하면 건물 전체에 영향을 미친다는 사실은 다 알고 있을 것이다. 그러나 건축가의 의식으로는 더욱 마이크로한 시점인, 외벽과 내벽과의 경계, 벽과 천장의 접목, 개구부의 프레임과 벽과의 마무리, 벽면과 기둥면과의 차이 등에 주력하며 이들을 위한 방대한 부분상세를 결정해간다. 모든 부분상세를 각각 다른 마무리 방법으로 하는 것이 아닌 내부, 외부의 프레임 폭 등 공통의 기준, 즉 부분상세의 표준시방을 결정한다.

논문의 경우, 커다란 구조체로서 중요한 부분은 본론을 구성하는 각 장(章)의 논증 부분이다. 3개의 근거를 설명하는 각 장이 명확하게 연결될 필요가 있다(일관성 유지). 글과 글, 패러그래프와 패러그래프를 연결하는 접속사는 지금부터 문장이 어떻게 전개될지를 표시하고 독자를 올바른 방향으로 이끌기 위한 신호(sign)이다. 이것으로 독자가 앞의 문장과 뒤 문장이 잘 연결되는지 아닌지를 알 수 있다. 또한 부가(附加), 이유, 예시, 전환, 해설, 귀결, 보충에 해당하는 '그리고', '왜냐하면', '예를 들면', '그런데', '즉', '그러므로', '단지' 라는 접속사가 나오면 이에 의존하여 어느 정도 앞을 예상하고 읽을 수 있다. 집필하는 측에서는 이들 접속사를 주의깊게 사용함으로써 자신의 주장과 근거를 원활하게 연결하여 독자에게 자신의 논리를 납득시킬 수 있게 된다. 이러한 접속사의 사용방법은 실제로 연습할 필요가 있다. 노야 시게키(野矢茂樹)의 또 다른 저서인 「논리 트레이닝 101제」(산업도서출판)는 그야말로 트레이닝 책으로 추천한다. 중요한 것은 노야 시게키의 말처럼 의식적으로 접속사를 사용해 보는 것이다. 그렇게 하면 본인 스스로 논리의 전개를 확인할 수 있게 된다.

논리 트레이닝 책을 보고 갑자기 일본 건축계에 커다란 영향을 미친 건축가 안토닌 레이먼드(Antonin Raymond)가 1938년에 출판한 「Architectural

Details」이라는 책이 생각났다. 이 책의 서론에 레이먼드는 다음과 같이 말하고 있다. "이 책은 17년에 걸쳐 일본에서 개발한 건축요소를 제공한 것이다. 상세도와 사진은 여러 건물에서 실제로 시공된 시방서이다. 우리들은 이 책이 젊은 세대에게 흥미를 불러 일으키고 가치를 갖게 하여 미래의 발전을 위한 출발점으로 사용되기를 바란다."(미사와 히로시, 『A. 레이먼드 건축상세』, 쇼코쿠샤 출판) 건축가 요시무라 준조(吉村順三)와 마에카와 쿠니오(前川國男)는 이 책을 건축부재의 연결을 찾기 위한 트레이닝 책으로 사용하고 일본에 많은 근대건축의 명작을 만들었다고 생각한다.

미사와 히로시(三沢造) 『A.레이먼드 건축상세』, 쇼코쿠샤, 2005년

논문 기준법을
지킨다

건축의 실시설계를 진행하는데 고려해야 할 것이 있다. 그것은 일본에서 구조계산서 위조문제가 발생했을 때도 화제가 되었던 건축기준법 법규제의 존재이다. 이 문제를 계기로 건축기준법이 개정되고 보다 엄격해졌다. 건축과 관련한 법규는 건축기준법만이 아니라 오히려 세칙 규정이 중요하다. 예를 들면 건축기준법 별표, 건축기준법 시행령, 국토교통부 고시, 소방법, 동경도 건축안전조례, 도시계획법, 마을만들기 조례 등이 있다. 일반적으로 설계하는 건축규모가 커질수록 관련 법규제가 배로 증가한다. 그 내용은 그야말로 논리적으로 문장을 읽지 않으면 무엇을 말하는 것인지 알 수 없다.

일본에는 '1급 건축사' 국가 자격이 있다. 이 자격을 취득하기 위해서는 학과와 실기라는 두 개의 시험에 합격해야 한다. 나도 설계사무소 시절 이 자격을 취득했지만, 첫 번째 시험에서는 학과시험에 떨어졌었다. 시험과목은 계획, 법규, 구조, 시공 4개로 나누어져 있다. 법규시험에서는 지정된 건축기준법의 법령집을 시험장소에 가지고 들어갈 수 있으나 하나하나 찾아볼 시간이 없다. 개정된 항목, 특히 구조관계에 주의하면서 이전 것과 잘 정리하여 암기하는 방법 밖에 없다. 단지, 법규에 관해서는 실제 설계와 관련 있기 때문에 시험을 위해 공부하기 보다는 실무에서 필요에 의해 기억해 두는 것이 더 좋다. 어학은 그 말을 사용하는 나라에서 실제로 사용하면서 암기하는 편이 빠르다. 건축을 디자인한다고 하면 멋있게 들릴지 모르지만, 이처럼 싫을 정도로 법의 그물망으로 덮여 있어 무라노 토고(村野藤吾)가 말한 것처럼 건축가가 할 수 있는 것은 오직 1%일지도 모른다.

논문의 경우는 어떨까? 건축에 비길 바는 아니지만 논문 쓸 때 기준, 논문 기준법이라는 것이 있다(사실 거짓말이다. 이런 제목의 책을 찾지 말라). 대형서점에 가보면 알 수 있듯이, 새로 나온 책을 중심으로 매년 「논문 쓰는 방법」 책이 많이 나오고 있는데, 거의 뒤쪽에 서술되어 있는 인용방법, 인용부, 각주 다는 방법, 참고문헌의 집필자 · 책명 · 출판사 · 출판년도를 명시하는 순서, 참고문헌의 국문 · 영문 표기법, 감사의 글 등의 형식에 관한 소소하고 자세한 규칙이 논문 법규에 해당한다. 그러나 작가에 따라 이 규칙은 다소 다르고, 건축기준법과 같이 '절대 지켜야 한다. 그렇지 않으면 확인신청은 통과하지 못한다' 라고 할 정도로 강제력이 있지는 않다. 그것이 어떤 의미에서는 귀찮은 것이기도 하다. 가장 좋은 방법은 지도교수가 쓴 논문형식을 흉내내는 것이다. 작성한 논문을 보이고 '참고문헌 쓰는 방법이 틀렸다' 라고 듣게 되면 "어, 교수님 논문을 참고로 했는데요."라는 얼굴을 해도 좋을 것이다. 그때 교수님 표정을 잘 관찰해 보라(지금 자신의 목을 조이고 있다). 참고로 할 수 있는 교수님의 논문이 없을 때는 미움 받기를 각오하고 교수님에게 논문을 쓰도록 독촉하거나(보통은 할 수 없지만), 아니면 그 연구실에서는 논문 쓰기를 포기하라.

따라서 인용부, 참고문헌 등의 표기에 관해서는 내 나름대로의 몇 가지 기준을 다음 페이지에 표시한다. 그러나 여기서 말하는 논문기준법도 가장 중요한 것은 지금까지 말한 논문의 논리라는 것을 알았을 것이다. 즉 논문이란 문제 제기, 주장, 그것을 지지하는 근거를 갖는 문장이다. 이 조문에 따르지 않는 것은 논문으로 인정받지 못한다. 그러나 이를 준수하고 있다면 참고문헌을 명기할 때 책이름이 앞에 오든, 『 』와 「 」의 사용방법을 잘못하든, 그것은 상관 없다(그래도 세칙을 지키길 바라는 것이 지도교수의 바람이다).

와타나베(渡邊)식 · 논문기준법 시행령 6조

제1조 논문의 정의

논문이란 문제 제기, 주장, 그것을 지지하는 근거를 갖는 문장이다.

제2조 표현 방법

1. 문장은 simple, easy, best
2. 주어, 술어, 수식어 관계를 명확하게 한다.
3. 문체는 --입니다. 로 하지 않는다.
4. 사람이름은 교수라고 해도 높임말로 하지 말고 성명만 쓴다.

제3조 인용 방법

1. 인용은 사람의 의견과 자신의 의견을 구별하기 위해서 한다.
2. 짧은 인용은 ' ' 묶는다.
3. 긴 인용은 인덴트(indent)를 사용하여 보기에 차별화한다.
4. 인용문으로 써 넣는 글은 ( ) 안에 표시한다.
5. 인용한 원문이 다른 경우는 문장 안에 (원문 그대로) 표기한다.

제4조 주(注) 다는 방법

1. 주에는 논제의 이해를 돕기 위해 참고 정보를 쓴다.
2. 주 번호는 구두점 앞에 넣는다.
3. 주 번호는 주석 각주 달기 기능을 사용하고 크기는 8포인트 정도로 한다.
4. 주는 마지막 뒤에 기재하고, 각 장마다 정리한다.
5. 문헌인용의 주는 저자명, 문헌명, 출판사, 발행년도, 페이지 순으로 한다. 또한 앞에서 명기한 문헌과 동일한 경우는 「전개」 또는 「ibid」라고 표기한다.

제5조 참고문헌의 표기형식

1. 참고문헌의 표기형식은 지도교수의 논문에 따른다. 이하는 와타나베식에 의함.
2. 단행본(일본책)의 경우 : 저자명, 『저서명』, 역자명(번역책), 출판사, 발행년도 순서로 하는 것을 원칙으로 한다 (각 항목 사이는 콤마로 한다).
3. 단행본(외국책)의 경우 : 저자명, 『저서명』, 출판사, 발행지, 발행년도 순서로 하는 것을 원칙으로 한다 (각 항목 사이는 콤마로 한다).
4. 단행본 잡지에 게재된 논문의 경우 : 저자명, 「논문 타이틀」, 단행본 잡지 편집자명, 『저서명 · 잡지명』 (잡지의 경우 권, 호), 출판사, 발행년도, 페이지 (복수 페이지는 pp. o~o) 순서로 하는 것을 원칙으로 한다.
5. 참고문헌은 1차 자료와 2차 자료로 나누고 발행년도 순으로 리스트화한다.

제6조 폰트 사이즈 통일과 도판 등의 표기형식

1. 폰트는 일어는 명조체, 영어는 Times New Roman을 원칙으로 한다.
2. 문자 크기는, 본문은 12포인트, 장 제목은 12포인트 볼드, 주는 9포인트를 원칙으로 한다.
3. 도표를 삽입할 경우, 「그림-1」 「표-1」 또는 「Fig.1」 로 표기한다. 또한 도표의 출처명을 참고문헌 리스트 뒤에 표기한다. 필자가 작성한 경우는 참고자료를 소개하고 그것을 토대로 필자가 작성하였음을 밝힌다.
4. 가로쓰기 문장의 경우 숫자나 년호는 모두 반각으로 한다.
5. 「하나」 「1개」 등 숫자 표기는 동일 논문 안에서 통일한다.

아름답게
레이아웃한다

카메야마 이쿠오(龜山郁夫)의「카라마조프가의 형제들」번역이 문고판으로 읽기 쉽게 출판되었으나 5권을 단번에 읽는 사람은 별로 없을 것으로 생각한다. 고전문학의 단행본으로는 처음으로 완판되었다고 한다. 지금까지 젊은이들의 글씨 쓰기 상황을 관찰해 보면, 문장만으로 쓰인 책을 읽는 것은 학생에게 무척이나 고통일지도 모른다.

그림이나 도표가 있는 것이 이미지를 알기 쉽게 해준다. 역사나 전기(傳記) 분야에서 만화 스타일의 책들이 많이 팔리는 것이 그런 이유이다(처음으로 코르뷔지에를 만화 스타일로 한『사랑과 비애의 르 코르뷔지에』라는 책은 단숨에 읽을 수 있는 책이다). 본 책도 학생의 기분을 맞추기 위해(?) 논문 작성방법에 대한 책임에도 불구하고 가능한 도표나 사진을 함께 삽입하고 있다. 논문, 특히 건축학과 학생이 쓰는 졸업논문에는 그림과 표, 사진을 좀 더 적극적으로 사용해 주길 바라고 있다.

나의「현대 건축사조(思潮)」라는 수업의 첫 시간에는 윌리엄 모리스(Willam Morris)라는 디자이너 겸 회사사장 겸 사회운동가인 디자인계의 슈퍼맨이 등장한다(그는 너무 많은 일로 인해 과로사하게 되지만 의사가 말하기를 "사인은 모리스였다"라고 발표한다. 정말인지?). 모리스는 편집자라면 누구나 알고 있는「모리스의 법칙」이라는 페이지의 위 · 아래, 좌 · 우의 공백 부분을 어느 정도로 하면 아름다운지에 대한 비례를 제안했다. 자신의 저서에서 "아름다운 책은 건축적이다"라고 말하고 있듯이, 그야말로 책을 건축으로 보고 디자인했던 것이다. 모리스는 자신이 좋아하는 저자 등의 고전문학을「모리스의 법칙」을 사용하여 보존 · 복구 · 재생하였다. 본 책의 디자인은 건축가와 협동하여 계획 등을 하고 있는 디자이너 마에다 유타카(前田豊)가 담당해준 덕분에 보는 바와 같이 훌륭한 책이 되었다.

건축의 실시설계를 그릴 때도 도면의 레이아웃은 신중하게 주의해야 한다. 설계사무소에서는 실시도면 작성이 결정되면 축하한다는 말을 듣게 되지만, 그와 동시에 "설계비를 도면 장수로 나누면 얼마가 되는지 알아?"

라는 말을 듣게 된다. 총 공사비 약 50억 엔이 소요되는 일로(설계비가 5%), 설계도면이 100장이라고 한다면, A1용지 도면 1장이 얼마가 될지 계산해 보길 바란다. 새로운 자동차 1대를 살 수 있는 금액이 될 것이다. 그만큼 세심하게 주의해서 아름답게, 그리고 읽기 쉽게 도면을 마무리하라는 의도였던 것이다. 그러나 처음으로 실시도면을 하게 될 때, 도면이 더러워지면 어떻게 해야 할지 겁이 나서 몇 번이나 화장실에서 손을 닦고 마음대로 도면이 마무리되지 않았던 기억이 있다.

논문이란 누구를 위해 쓰는 것일까. Step 3의 「서론 2 : 논문으로 유도」에서 말했듯이 자신을 위해 쓰는 것이 아니라 그것을 읽을 사람(교수, 후배, 연구자)을 위해 쓰는 것이다. 그렇다면 도면은 누구를 위해 그리는 것인가? 건축가를 위한 것이 아니며, 건축 잡지를 위해 쓰는 것도 아닌, 실제 건축을 만드는 시공자를 위해 그리는 것이다(물론 시공자는 시공도면을 새롭게 제작하지만). 선이 많거나 중간선이 굵은선이 되버리거나 치수가 한 칸 오류가 생긴다면 완전 다른 건물이 되어 버린다. 따라서 설계한 건축도면의 의미가 완벽하게 전달되도록 세심한 주의를 하면서 그려야 한다. 특별시방서 → 안내 · 배치도 → 면적표 → 마무리 표 → 1층 평면도 → 각층 평면도 → 평면 상세도 → 입면도 → 단면도 → 단면 상세도 → 전개도 → 천장도 → 가구표 → 사인 · 외관 구성도, 순서로 도면을 레이아웃한다.

이러한 순서는 보는 사람이 건축을 이해하기 쉽도록 의도적으로 결정된 것이다. 또한 어느 부분의 단면도를 그릴 것인지, 또는 도면의 축척이나 용지 크기의 절약을 위해 어떻게 정보를 생략할 것인지 등, 도면을 읽기 쉽고 아름답게 보이기 위한 배려가 필요하다. 유명한 건축가의 프레젠테이션에서 보여지듯이 평면도와 단면도, 입면도가 1장에 함께 그려진 도면은 보기에는 아름답지만 읽기 쉬운지는 의문이다. 시공자들에게는 불편할지도 모른다.

논문도 위 · 아래, 좌 · 우 여백을 결정하는데, 여기서 모리스의 법칙을 따라도 좋으나 우선 컴퓨터 화면에서 레이아웃 전체를 알 수 있을 정도의 크기로 하여 자신이 실험해 보는 것이 좋다. 논문은 책과 달라서 기본적으로는 눈에 보이는 단면만 사용할 수 있다. 그리고 대학에 따라 행간은 더블 스페이스로 하라는 지정을 하는 곳도 있다. 동경대학의 경우 서체는 명조체, 글자 크기는 12포인트, 1페이지 26행으로 지정되어 있다.

박사논문에서는 마지막으로 도판을 게재하지만 졸업논문에서는 그 내용에 가깝게 문장 안에 적당한 레이아웃을 하는 것이 좋다. 대부분의 학생이 MS로 그림을 붙이고 있지만 가능한 Adobe의 InDesign 등을 편집 소프트로 사용하는 것이 레이아웃 작업에 편리하고, 보기에도 아름답게 마무리된다. 20~30년 전까지는 졸업논문은 물론 박사논문까지도 수작업(손 글씨)으로 그림, 도표 등을 붙였으나 지금은 DTP를 사용하고 있다. 그러나 수작업이 되든 편집 소프트를 사용하든 논문의 레이아웃에 대한 생각은 모리스 시대와 별반 차이는 없다.

독자에게 내용을 보다 잘 전달하기 위해 아름답고 효율적으로 레이아웃하는 것, 이것은 건축가가 설계도면을 작성하는 방법과 동일하다. 그야말로 모리스의 주장처럼 "책은 건축이다."는 "논문은 디자인이다!"라는 신념과 통하는 것이 아닐까.

교정한다

책을 출판할 때, 아무리 훌륭한 작가나 연구자의 원고라 해도 반드시 교정작업이 필요하다. 교정작업이란 글을 쓴 본인이 보지 못하는 오자, 탈자를 수정하면서 문장의 길이 등을 조정하는 작업이다. 일반적으로 데이터형식으로 원고를 받고 있는 출판업계에서도 완고하게 손글씨를 사용하는 작가의 경우에는 그 원고를 판독하는 전문 편집자가 담당한다는 이야기를 들은 적이 있다. 졸업논문의 경우, 현재는 거의 100%가 디지털 데이터, 즉 컴퓨터로 작성하고 있다. 리포트 과제에도 80% 정도는 컴퓨터를 사용하고 있다(주택론 강의에서 자신의 신체와 방의 실측이라는 리포트 과제를 내고 있는데, 신체를 사용한다는 의미에서 실측도면은 수작업을 권장하고 있다). 컴퓨터 사용으로 교정작업도 편해졌으나 집필하는 사람들의 변환 실수로 오자가 늘어나고 있지는 않은지, 나도 변환 실수를 자주 하기 때문에 항상 국어사전, 수식어사전 등을 사용하고 있다.

한편, 건축의 실시 설계도는 어떤지. 설계사무소 시절, 거의 모든 것이 수작업 도면이었다. 설계사무소 근무 시작부터 6개월 정도는 연수생처럼 취급되어 그야말로 대학 1학년 수업에서 배운 선긋기를 다시 배운 기억이 있다. 그 당시 T자를 사용하여 긴장했던 기억도 난다. 두 번째 사무실에서는 내가 담당하는 모든 실시설계도는 CAD를 사용해 그렸다(단지, CAD를 사용해도 그리는 방법은 수작업의 과정과 다르지 않고, CAD가 갖고 있는 모든 기능을 총 동원해 사용하지 않으면 안 되었다).

도면 교정에 해당하는 것으로, 직속 상사에 의한 도면 체크가 있다. 일반적으로 도면의 가장자리에 사무소의 이름과 프로젝트명 등을 기재하는 난이 있다. 그곳에 도면담당, 체크, 승인 난이 있어 사인이나 도장이 찍힌다(건축역사연구에서는 누가 그 작품을 담당했는지 사인으로 해석하는 작업이 있다). 이와 같이 건축설계의 경우, 최소한 2번의 도면 체크를 받게 된다. 트레이싱지에 그려진(CAD의 경우 출력) 도면을 청사진이라는 비교적 저렴한 가격의 인쇄방법으로 복사하고 거기에 상사가 붉은색 펜으로 체크한다. 체크가 끝나면 도면작성 담당자에게 넘어지고, 담당자는 체크를 하나씩 지워가면서(파란색으로) 도면을 수정한다.

이 작업은 논문의 교정작업과 동일하다. 컴퓨터로 쓴 문장일지라도 반드시 출력해서 그 위에 붉은색으로 표시한다. 컴퓨터 화면상으로 수정이 가능하지만 뭔가 컴퓨터에는 없는 벤야민(Benjamin, Walter)이 지적한 사물 · 실체가 갖는 아우라(aura)가 상실되는 문제가 있다고 생각한다.

여기서 수정이란 어떤 의미 표현을 말하는 것으로, 논문의 논리나 구성 등을 언급하는 것이 아니다. 물론 전혀 없다고는 할 수 없지만, 수정단계부터 한 단계 피드백하여 고치는 경우도 있다. 그러나 그것까지 하기에는 스케줄과 수정내용을 확인하면서 검토를 진행하지 않으면 안 된다.

만약 연구실의 석 · 박사과정 대학원생이 있다면 졸업논문의 교정은 그들의 일거리가 될 것으로 생각된다. 대학원생이 학부생보다 많은 대학의 경우 지도교수에 의한 학생지도는 평균 2번 정도가 되지 않을까. 왜냐하면 교수 대신 대학원생이 학부생을 돌보게 되기 때문이다. 그러나 우리대학에서는 일부 연구실을 제외하고면 그와 같은 상황은 꿈 같은 일로, 수시로 개인지도와 세미나로 전체지도를 일주일에 2번 하고(그럼에도 불구하고 출석하지 않는 학생이 있다), 논문이나 개요는 거의 지도교수인 내가 교정하는 처지이다.

아직 실행은 못하고 있지만 학부 세미나생끼리 서로 교정을 봐주는 것도 좋을 것이다. 본인보다는 제3자가 더 잘 보는 것처럼 교정이란 작업에는 자신보다는 냉철하고 객관적인 시점을 갖는 것이 필요하다. 그래서 타인의 논문이나 개요를 읽고 이상한 곳을 지적하는 교육방법도 나쁘지는 않으며, 오히려 적극적으로 받아들여져야 할 것이다. 그러나 현실적으로 학생은 자신의 것만으로도 힘들어 하기 때문에 다른 사람의 논문을 읽을 정도의 정신적 · 육체적 여유가 없을 것이다. 언제쯤 평가 시스템이 연구실에 갖추어질지 현실과는 거리감을 느끼면서도 졸업논문 지도를 통해 반드시 실현하고자 한다.

Step 5

프레젠테이션

프레젠테이션도
디자인이다

최근, 취업활동이 빠르면 대학 2학년 말부터 시작하여 3학년 말에는 거의 결정짓게 되는 상황이다. 이것은 무엇을 의미하는지, 기업은 학생이 대학 3, 4년에 무엇을 배우는지 관심이 없거나 기대하지 않고 있다는 뜻이다. 졸업논문이나 졸업설계가 잘 되는지 안 되는지는 취업에 아무런 영향을 미치지 않는다는 것이다. 이를 알고 있는지, 간혹 학생 중에는 졸업장을 받기 위해 자신이 하고 싶은 것도 그다지 열심히 하지 않고 넘어가거나 리포트과제보다는 조금 나은 정도의 내용으로 겨우 통과하는 그런 학생을 보게 된다.

영국의 경우 학생 취업률로 대학을 평가하는 그런 발상은 전혀 없다. 그들은 대학 입학 전에 1년간 자신이 하고 싶은 것을 찾기 위한 시간을 갖게 되고, 이때 대학이 아닌 사회생활을 하고 싶어 다른 길을 선택할 수도 있다(마가렛 대처 수상의 뒤를 이은 보수당의 수상 존 메이저는 옥스퍼드나 캐임브리지 출신이 아니며, 영국 왕위계승자들은 그야말로 국가를 위해 대대로 그 시기를 사용하여 군에 입대한다). 그리고 대학 3학년을 마치면 또 1년간, 이번에는 자신이 공부한 것과 관련한 일을 경험하도록 하고 있다. 많은 건축과 학생은 설계사무소에서 수련을 쌓고, 그 후 대학에 돌아와 2년간 디플로마 워크(Diploma Works), 즉 졸업연구(논문, 설계)에 임하게 된다. 이것이 잘 되고 안 되는가에 따라 그 후 진로가 결정된다. 왜냐하면, 대학 3년 종료시에는 RIBA건축가 자격시험(일본의 1급 건축사)의 1차 심사가 진행되고, 대학졸업 때에는 디플로마 워크의 2차 시험이 있기 때문이다. 이를 의식하여 몇몇 일본대학에서는 공학부에서 건축학과를 분리하여 건축학부로 6년제를 채택하는 움직임이 있으나 학생의식과 입학시험제도를 근본적으로 바꾸지 않는 한 본질적인 개혁은 되지 못할 것이다. 교육상 문제를 토론하자면 책 한 권을 쓸 수 있을 정도지만, 여기서 마칠까 한다.

취직활동을 빨리 시작함으로써 얻는 유일한 장점은 사회에 나가기 위해 프레젠테이션 능력이 중요하다는 의식이 학생들에게 인식되었다는 점이다. 학생에게 있어서 취직시험에 프레젠테이션이란, 기분 나쁠 정도로 정해진 복장을 입는 것부터 면접장소에 입장하는 방법, 인사하는 방법, 면접관과의 질의응답, 목소리까지 어떻게 하면 면접관한테 좋은 인상을 받을까 하는 것을 목적으로 하고 있다. 학교 성적보다 이것들이 더 중요한 것이 되었다. 최근에 몇몇의 「논문 쓰는 방법」 책이 비교적 잘 팔리고 있다고 하지만 「취직활동에 필요한 면접방법」에 관한 책과는 비교할 수 없을 것이다.

프레젠테이션이란 의미는 무엇인가. '프레젠테이션(presentation)' 은 영어 'present' 의 명사형이다. 'present' 에는 명사, 형용사, 동사 3종류가 있다. 명사로는 '증정, 선물, 현재' 를 의미한다. 형용사로는 '(마음에) 있는, 존재하는, 출석하는, 생각중인, 현재의, 오늘날의 당면' 라는 의미가 있다. 동사로는 '증정하다, 제출하다, 소개하다, 나타내다, 출연시키다, 상연하다, 공개하다, 보이다' 라는 의미가 있다.

이러한 여러 가지 의미를 갖는 '프리젠테이션' 이지만, 우리들이 말하는 프레젠테이션이란 사람 앞에서 자신의 작품이나 논문을 발표하고, 소개하는 것에 국한한다고 볼 수 있다. 형용사 'present' 에 '(마음에) 있는, 생각중인' 이란 의미에 주의하라. 지금까지 본 책을 읽은 사람이라면 알 수 있듯이 프레젠테이션이란 모양 만들기, 기획하는 프로세스, 즉 디자인 행위에 있어서 사고과정을 제시하는 것이 본래의 의미라고 생각한다.

취직시험 처럼, 외모나 말하는 방법 등 첫 번째 인상에 중점을 두는 것이 아닌, 자신의 사고과정을 전개하고 듣는 사람의 의견을 청취하는 자세야말로 프레젠테이션 본래의 의미인 것이다. 다시 말해서, 프레젠테이션의 기본은 자신의 논문, 설계를 충분히 이해하는 것이다. 그렇지 않으면 불가능하다. 자신이 이해하지 못한 내용을 사람에게 이야기할 수는 없기 때문이다. 때론 원고를 살짝 읽으면서 막힘없이 잘 발표하고 있는 듯 보이지만, 정말 알고는 있는 것일까? 라는 의문을 갖게 하는 학생도 있다. 학생이 정말 그 연구에 관심을 갖고 재미를 느끼고 있는지, 싫지만 할 수 없이 하고 있는지는 프레젠테이션 자세를 보면 바로 알 수 있다.

프레젠테이션의 기본은 우선 자신의 논문이나 설계의 의의를 이해하고, 타인에게 알리고 싶다는 기분을 갖는 것이다. 그리고 누구에게 발표할까(교수인지, 학생인지, 일반인인지)를 확인하는 것이 중요하다. 다시 한 번 말하지만 프레젠테이션도 디자인의 하나이다.

원고를 읽지 말고
얼굴을 들어라

나는 학창시절, 졸업논문과 졸업설계 모두 제출했었다. 그것도 거의 동시에 병행하면서, 4학년이 되기 전에 무엇을 설계할 것인지 조사하고 교수님들 중에서 그 전공에 가까운 사람을 지도교수로 선택하였다. 나의 경우, 음악홀이나 극장이 있는 복합시설을 하고 싶었기 때문에 극장설계를 전공으로 하는 교수가 졸업설계의 지도교수가 되었다. 그러나 반년 동안 두 번 정도 밖에 지도를 받지 못한 기억이 있다.

졸업논문을 하려면 여기밖에 없다고 생각해 3학년이 되어 곧바로 결정한 건축사 · 건축론 연구실에 들어가 「근대 일본에 있어서 건축가의 직능 성립 역사」를 연구주제로 선택하여 졸업논문을 썼다. 처음에는 오기회(五期會)에 의한 전후 건축운동역사와 같은 것에 흥미를 갖고 있었고, 교수의 연구인 일본의 설계경기 역사 등의 영향을 받아 일본에 있어서 건축가란 무엇인가를 알고 싶었다. 지금 생각해 보면 꽤나 조숙한 학생이었던 것 같다. 지금 세미나 학생에게, 그리고 대학원생에게 오기회에 대해 물어봐도 모두 모른다는 대답을 듣게 되었다.

지도교수연구실에서는 매번 공포감을 느꼈다. 여름 가루이자와(輕井澤)합숙 때의 중간발표였다. 단순히 경과보고 정도라고 했기 때문에 그야말로 피크닉 기분이었으나, 발표가 시작되면서 지도교수는 물론 조금 전 기차 안에서 친근했던 연구실 조교까지 매서운 눈으로 어려운 질문을 쏟아내기 시작했다. 무엇보다 놀란 것은, 학생의 연구내용보다는 오히려 발표방법에 대한 냉정한 의견이었다. 준비한 원고를 얼굴을 들지 않고 읽으려고 하면 '자네, 그것을 읽으려고 하는 건가? 발표하는 의미가 없다." 라는 것이었다. 발표시간은 각자 5분 정도였지만 발표를 시작하자마자 지적당하면, 머릿속이 백지장이 되어 무엇을 발표하는지 텅 비어 버린다. 그 이후 사람 앞에서의 발표를 능숙하게 하지 못했고 한동안 지도교수로부터 언어장애라고 말을 들었던 기억이 난다.

그러나 나는 고등학교 시절 연주부 동아리에 있었기 때문에(전국대회 2년 연속출전 ! 가장 돋보이는 악기 트럼펫 담당), 큰 무대에서의 연주를 경험했고, 사람들 앞에서 뭔가를 한다는 것에 면역이 되어 있었다. 졸업설계나 졸업논문 발표회에서는 눈 마주하기를 의식하면서 발표하여 훌륭하게 해냈다. 나의 연구실 세미나 학생인 연주부 부장은 내용은 그저 그랬지만 발표를 잘하여 졸업설계의 베스트 10에 선발되었다.

프레젠테이션에서 중요한 것은 듣는 사람의 눈을 보면서 발표하는 것이다. 그것은 연주부 선배가 말한 것처럼 '악보를 보지마! 악기를 올려 지휘자의 눈을 보고 관객을 향해 불어라."(땀과 눈물이 날 정도로 반복연습을 하기 때문에 아무리 긴 곡이라도 암기한다. 실제 연주시에는 악보를 볼 필요가 없다). 연단에 있는 원고를 계속 보면서 읽는 교수도 있지만, 나는

졸업논문 발표회에서 연구실 학생이 프레젠테이션하는 모습

키워드와 강의 흐름을 적은 메모를 손에 들고 학생들 사이를 왔다 갔다 하면서 강의를 한다. 발표원고를 만들라고 말하지 않는다(5분 발표라면 천천히 말해서 1,200자 정도 원고가 된다). 그것을 읽어버리면 안 된다는 뜻이다. 원고를 작성했다면, 악보를 암기하듯이 몇 번이고 입으로 소리내어 외워야 한다. 그리고 발표의 흐름을 적은 메모를 만들어 그것을 확인하면서 발표를 하는 것이 좋다. 또한 Power Point 등을 사용한다면, 화면에 키워드를 만들어 스크린과 청중, 메모를 보면서 발표하면 자연스러운 느낌이 들 것이다.

발표자와
청중을 의식한다

프레젠테이션에서 가장 어려운 점은 자신에게 주어진 시간을 어떻게 잡느냐 하는 것이다. 일본건축학회 학술대회 등 연구발표회와 같이 제한된 시간과 장소에서의 발표를 한 번이라도 경험한 사람이라면 주어진 발표시간 5분이 빠르게 지나가 버린다는 것을 알고 있을 것이다. 이상하게도 사람들의 발표를 듣고 있으면, 5분이 꽤 긴 시간이라고 느끼게 된다. 시간감각을 잡는다는 것은 '말한다(자기 목소리를 듣는다)' 와 '듣는다(타인의 소리를 듣는다)' 라는 두 가지 시간의 차이를 의식하는 것이라 할 수 있다.

심포지엄이나 회의 등에서 많이 볼 수 있는 현상으로 20~30분 주어진 시간임에도 불구하고 그보다 훨씬 많은 시간에 걸쳐 발표하는 사람도 있다. 30분 듣고 있으면, 듣는 쪽은 길다고 느끼게 된다. 더욱이 그 강연이 지루하다면 빨리 끝내 주길 바라는 마음이 간절하다. 강연자로 부적합하다거나 급하게 결정되어 준비를 제대로 못했다거나 등의 핑계를 대는 사람은 논할 여지가 없다. 반대로 재미있는 발표라면 시간이 빨리 지나가 좀 더 듣고 싶다는 생각을 하게 한다. 강연자가 자신의 발표를 객관적으로 다루고 있다는 뜻이다. 즉 말하는 측면만이 아닌 듣는 사람의 입장도 된다는 뜻으로 이것은 '말한다' 와 '듣는다' 라는 시간의 차이를 의식하고 있으며, 주관성과 객관성을 의식하고 있다는 의미이기도 하다.

주관성과 객관성의 두 가지를 동시에 갖는 것과 관련하여 흥미로운 이야기가 있다. 단케 겐조(丹下健三)와 동시대의 일본을 대표하는 건축가 오에 히로시(大江宏)가 있다. 오에 히로시는 제아미(世阿弥)가 예능의 비결을 말하는 '이견을 보다' 와 동일한 감각을 설계라는 행위에도 포함하고 있었다고 한다. 실제 어떤 감각일까. 제아미의 저서 『화경(花鏡)』 제6조 뒷부분에 문구가 실려 있다.

다시 말하면, 무대에서 춤추고 있는 자신을 바라보는 자신을 의식하라는 뜻이다. 그렇게 함으로써 처음으로 영험한 춤을 출 수 있다. 이러한 '이견을 보다' 라는 사상에 영향을 받아 이를 그대로 책 제목으로 한 것이 프랑스 구조주의자인 클로드 레비 스트로스(Claude Levi-Strauss)의 『아득한 시선(Le Regard Eloigne)』 이다. 서양인인 그가 비서양인인 열대지방의 원주민을 바라보는 시선, 그들을 대하는 자세로 삽입한 것이 '이견을 보다' 라는 생각이었다. 그를 대표하는 구조주의 사상에도 논문이나 건축 구조에 필요한 논리나 기하학에 관한 생각과 깊은 관련성이 있다.

논문, 설계, 프레젠테이션이라는 세 가지 디자인 행위에는 주관적인 동시에 객관적인 자세가 필요하다는 공통점이 있다. 논문, 설계, 프레젠테이션이 능숙한 사람이란 언제나 읽고, 만들고, 듣는 쪽을 의식하면서 글자 수, 만드는 방법, 시간을 파악하고, 가장 효과적인 목소리의 높낮이 · 명료함 · 몸짓과 선 굵기 · 종류 · 기호, 문장의 의미 · 위치 · 연결 등을 무의미하게 판단할 수 있을 정도로 훈련을 거듭하여(자기 것으로 만드는) 표현할 수 있는 사람이다. 건축가는 제아미(世阿弥)가 말하는 이견을 보는 자세와 같이 1인 2역, 1인 3역(설계자, 시공자, 건축주)을 연기하지 않으면 안 되는 숙명을 가지고 있다.

또 한 가지 중요 것이 있다. 그것은 소리의 크기와 명료함이다. 소리의 양보다는 소리의 질이 문제이다. 나의 은사님의 사모님은 피아노 선생님이었기 때문에 음악에도 조예가 깊어 오랫동안 학회의 합창단에서 미성을 들려 주었다. 세미나 모임이나 동창회, 가끔 제자 결혼식에서 은사님의 노래가 울려 퍼졌었다. 당연히 은사님은 체형으로 봐도 바리톤의 풍부한 음량을 갖고 있었지만, 오히려 작은 목소리야말로 명확한 음질을 갖고 있다고 생각한다. 즉 통하는 목소리이기 때문이다. 목소리를 내기 위해서는 복식호흡법이 필요하다. 트럼펫 연주에서 가장 어려운 점은 고음을 피아노 시모로 불러야 한다. 이것은 매우 여린 음이 아닌 통하는 명료한 음이어야 한다. 그러기 위해서는 복식호흡으로 충분히 숨을 들이키고 복근을 사용하여 배의 압력을 컨트롤하면서 숨을 내쉬어야 한다. 가늘지만 확실한 선이어야 하는 도면의 가는 실선을 긋는 것과 같다.

복근훈련을 매일 100번씩하고 복근호흡법을 익히라고는 할 수 없지만,

조금이라도 호흡을 의식하는 것과 그렇지 않은 것은 발표할 때의 인상에 많은 차이를 나타낸다. 노래방에서 큰소리로 노래부르는 것도 좋지만, 때로는 마이크 없이 자신의 목소리가 통할지 그 음질을 시험해 보는 것도 좋을 것이다.

컴퓨터의

장 · 단점을 알다

최근에는 프레젠테이션을 할 때 컴퓨터를 이용하여 PPT 등을 할 수 있다. 그리고 일상수업에서도 파워 포인트 등을 사용하고 있다. 일본건축학회 학술대회에서도 2005년부터 본격적으로 사용하고 있다. 단, 5분의 발표를 위해 컴퓨터를 사용하고 있으나 접속 등의 작업에 혼선을 발생하는 경우가 종종 있기 때문에 종래 방법인 OHP사용으로 충분하다고 하는 사람들도 있다. 그 중에는 이것조차 필요하지 않고 이야기만으로 충분하다고 하는 사람들도 있다. 이는 방법의 차이로 어느 것이든 듣는 쪽을 의식하는 발표라면 무엇을 사용하든 문제가 되지 않는다. 그러나 비록 5분이라 해도 자신의 발표에 필요한 화면이나 문장을 선정하고, 편집하고, 레이아웃하여 충분한 연습을 거듭한다면 PPT진행은 결코 쓸모없는 것이 아닐 것이다. 듣는 입장에서 생각해보면, 그저 이야기만의 발표보다는 화면을 사용한 발표가 더 좋을 것이다. 물론, 컴퓨터와 프로젝트의 접속 등의 문제를 해결한다는 전제 조건이 따른다. 최근에는 학술대회에서도 각 발표분야마다 발표 시간 전에 접속 확인을 실시하고 있기 때문에 그와 같은 문제 발생은 줄어들고 있다.

설계발표에서도 컴퓨터 사용은 어제, 오늘의 이야기가 아닌 일반적 상식이 되고 있다. 시각적 효과라는 점에서 오히려 매우 중요하게 다루어지고 있다. 부지 주변의 모습, 조사분석을 정리한 다이어그램 해설 등, 설계하기 전 단계에 해당하는 조사결과와 컨셉이라 불리는 설계방법을 전달하는데, 컴퓨터에 의한 프레젠테이션이 유효하게 작용한다. 한편, 건축계획 프레젠테이션에서는 컴퓨터의 화면보다는 도면 패널과 모형이라는 실제 사물을 사용하여 그 감각을 느끼게 하는 방법이 효과적이다.

물론 CAD나 3차원 공간 표현방법이 매우 발전하고 있으며, 몇 년 전만 해도 학생들이 표현하지 못했던 동영상도 지금은 어렵지 않게 사용하는 학생들이 많아졌다. 이들의 효과는 절대적이며, 보고 있으면 마치 완성된 건물 내부를 자유자재로 이동하고 있는 듯하다. 그러나 여기에는 설계에서 중요한 그 무언가가 빠져 있는 듯, 우리들이 쉽게 놓칠 수 있는 빈틈이 있는 것처럼 보인다.

3차원 공간은 컴퓨터기술이 최고점에 도달했음을 의미하지만, 아무리 실물과 똑같이 만든다 해도 어디까지나 가상에 지나지 않으며, 거기에는 인간에 의한 수작업이 만들어내는 물질감 또는 촉감적인 아우라가 결정적으로 결여되어 있다. 시각은 근대가 시작됨과 동시에 인간이 가장 신뢰하는 감각이 되었다. 그러나 우리들에게는 그것을 의식하지 못하고, 보고도 그냥 지나쳐 버리는 감각이기도 하다. 앞에서 설명한 윌리엄 모리스가 염려한 것도 수작업으로 만들어진 아우라가 기계생산에 의해 상실되는 점이다. 그러나 동시에 모리스는 기계가 만들어내는 시각적 효과도 언급하려 한 모더니스트이기도 했다. 그의 활동은 근대예술의 모순을 내포하고 있다.

아무리 컴퓨터가 발전하더라도 건축가는 설계과정에서 모형을 빼놓을 수 없을 것이다. 비록 실제 설계에 사용되는 재료와는 다르지만, 모형을 만듦으로써 촉각적인 감각의 필요성을 본능적으로 파악하고 있기 때문이다. 그러나 CAD에 의한 도면제작 등, 화면상에서의 도면제작이 일반화되고 있는 현재에는 수작업에 의한 촉각적 감각을 잃어가고 있다. 이에 대하여 반론이 있겠지만, 대학 4년(6년) 동안 CAD연습과 3차원 공간표현연습은 설계교육상 그다지 필요하지 않으며, 오히려 수작업의 도면이나 모형제작에서 습득할 수 있는 촉각적인 감각과 공간을 파악하는 신체감각을 강화할 수 있는 교육이 더욱 필요하다고 생각한다.

요즘 도면을 그리는 학생들의 손 움직임을 살펴보면 휴대전화나 키보드의 자판을 누르고 있는, 마치 점을 찍고 있는 움직임 뿐이며 연속적으로 수평면에 넓게 움직이는 모습을 볼 수 없다. 이는 건축설계에 필요한 공간의 범위나 연속성을 인식하는 신체적인 감각을 습득할 수 없게 된다. 원리적으로 말하면, 3차원 공간표현은 정지한 화면이 모여 있는 것으로 면적으로 중첩되어 있는 것에 지나지 않으며, 그곳에는 공간적인 영역이나 연속성은 존재하지 않는(있다고 한다면 착각하고 있을 뿐)다는 것을 이해해야 한다.

만약 컴퓨터를 주체로 한 새로운 건축가의 모습을 보길 원한다면, 가상의 감각에만 의지하여 모든 설계를 컴퓨터 화면상에서 진행하고, 모임과 논의도 모두 메일로 하며, 건축확인신청도 전자신청으로 하고, 설계도면도 모두 컴퓨터로 작성하고 수정하고 보관한다. 그리고 설계감리도 현장에 갈 필요 없이 멀리 떨어진 곳에서 동영상의 휴대폰으로 지시한다. 이와 같은 건축가 모습도 멀지 않은 장래에 현실로 다가 올지도 모른다. 그러나 이와 같은 건축가에 의해 만들어진 건축과 그렇지 않은 건축은 동일한 것이 될 수 있을까? 로봇이 결코 인간이 될 수 없는 것과 마찬가지로 이 대답은 명확할 것이다.

질의응답도
디자인이다

논문이나 설계 프레젠테이션에서 거의 모든 학생이 어려워하는 것은 질의응답 시간일 것이다. 연구실의 세미나 학생에게 들은 이야기로, 아무런 질문 없이 마치게 된다면 그보다 더 좋을 순 없다고 한다. 나의 경우는 발표자가 15명 정도이면 5명씩 연속해서 발표하고 1명당 1분 정도의 질의응답 시간을 배정해 5명씩 5분을 정하고 있다. 이는 일본건축학회 학술대회에서 사용하고 있는 방법이기도 하지만 장단점이 있다.

장점은 발표시간의 손실이 없다는 것이다. 진행에 따라 약간의 차이는 있으나 일반적으로 각자 발표시간 종료 1분 전에 첫 번째 타종이, 종료시점에서 두 번째 타종이 울리게 하고 있다. 중간에라도 발표를 중지시키고 다음 발표자에게 넘길 때도 있다. 졸업논문발표회나 학술발표대회와 같이 발표시간이 짧고 발표자가 많을 경우에는 이 방법이 가장 효과적이다. 또한 주제가 비슷한 것이 동일한 분야에서 발표되기 때문에 질문도 하기 쉽다는 이점이 있다.

단점은 시간이 짧기 때문에 질의응답을 정리하게 되고 질문이 모두에게 돌아가지 못하고 한 사람에게 집중되며, 응답에 따라서 시간이 끝나버릴 수도 있다. 학생입장에서는 누군가가 십자가를 짊어지는 역할을 한다면 자신에게는 질문이 오지 않을 수도 있다는 나쁜 생각에 빠질 수도 있다. 이 문제를 해결하기 위해서는 질문자가 그 발표내용에 맞는 명확한 질문이나 의견을 간결하게 요약하여 진행할 필요가 있다.

본래 프레젠테이션을 잘하는 사람(디자인을 잘하는 사람)은 질문도 매우 솜씨가 좋다. 질문을 잘하는 사람이란 발표자가 무엇을 말하려는지 포착하여 거기에 부족한 부분, 즉 발표자가 말하고 싶었지만 말하지 못한 부분을 보충해 주듯이, 또는 청중이 알고 싶어하는 것을 질문해 주는 것이다. 이것은 건축가에게 필요한 자세, 주관적이면서도 객관적인 시점을 갖게 하는 것과도 통한다. 그렇다. 질의응답도 디자인인 것이다. 말하기는 쉽지만 실제 해보라고 하면 어려운 것이다. 그 증거로 일본에서는 종종 질문이 지나치게 주관적이고 감정적으로 개인공격이 되버리는 사례를 볼 수 있다. 질문이라고 해 놓고 자신의 의견을 길게 늘어 놓는 사람도 있다. 이러한 사람은 질의응답도 디자인이라는 의식을 전혀 갖고 있지 않다.

잘 디자인된 질의응답을 하기 위해서는 훈련이 필요하다. 가장 좋은 방법은 사전에 개요를 읽어보고 발표자의 주장을 이해하며, 발표를 들어가면서 질문 메모를 만드는 것이다. 나의 경우는 발표를 들으면서 개요에 붉은선을 긋거나 물음표를 표시해 놓고 질문을 한다. 거의 동일한 질문을 다른 사람이 했다면, 그것을 잘 이용하여 조금 다른 시점으로 바꾸어 질문하거나, 다른 발표자에게 같은 질문을 해 보는 것도 좋을 것이다. 이는 질문자인 교수들에게 말하는 것이 아니라 학생들이야말로 질문이란 어떤 것인지를 알게 하기 위한 것이다. 좋은 질문을 하는 것, 이것은 질문에 적절하게 대답할 수 있는 것과도 연관된다.

학생 중에는 걱정이 되어 나에게 교수를 가정하여 질의응답을 시키고 이에 대답하는 연습을 하는 사람도 있다. 그 기분은 충분히 이해한다. 사전에 자신의 부족한 부분을 타인으로부터 지적받고 대답을 찾아낸다는 것은 오히려 적극적으로 권하고 싶은 행위이다. 단지 과도하게 신경을 쓸 필요는 없다. 교수들은 학생이 어느 정도 실력이 있는지, 가면을 쓰고 대충 모면하려고 하는지 아닌지, 이미 알고 있다. 그렇다면 이상한 이론으로 무장하지 말고 정직하게 있는 그대로를 대답하는 것이 가장 정당한 대응일 것이다. 근대건축이 과도한 장식을 없앤 것처럼, 브루탈리즘(brutalism)에 적절한 노출콘크리트처럼 또는 철골프레임이 표현하는 구조디자인과 같이, 야구의 직구와 같은 승부를 해보는 것은 어떨지.

H.P.ベルラーヘの集合住宅からみる幾何学概念

~住戸プランと共有広場に着目して~

1．研究の動機

オランダは独特の環境により、人の管理なしでは住むことが不可能な僻地であった。土地管理という歴史を背景に、一人一人の多様性を大切にしてきた。こうしたオランダ社会の性格から育んできたのが、集まって住むという伝統である。中でもソーシャルハウジング（社会的な住宅供給）を核とした建築活動はオランダに集合住宅という認識を強めることとなった。そのソーシャルハウジングを建設活動の主役とする糸口になったのは、1901 年に制定された住宅法と、オランダの建築家 H.P. ベルラーヘ(1856-1934)の建築思想だった。住環境整備対する強い国家意志を示した住宅法とベルラーヘの示した集合住宅中心の都市像はオランダに集合住宅という伝統を植えつけた。その集合住宅により統一感と安定性を生みだした。ベルラーヘは自らの理念を集合住宅においてどのように示したのか。

2．研究の目的　方法

ベルラーヘは当時、住宅不足と劣悪な居住環境という二つの議題を標準化という概念で乗り越え、さらにそれが街の統一や美にもつながると考えていた。それらの考えは、ベルラーヘが実際に携わった集合住宅について追及していくことでその重要性をさらに導き出せると考えた。そこで、本研究の目的は、ベルラーヘの集合住宅においてその構成から彼の幾何学的要素を把握し重要性を明らかにすることである。

研究方法として、ベルラーヘの思想や歴史背景を把握する。それを踏まえ、計画の特徴を解明し、その計画ごとのブロック割り、街路計画、公園や緑地の配置、について分析する。それら集合住宅を比較し、重要な要素を見いだす。平面プラン、広場においてモジュールを比較し考察する。現地調査により、文献の収集、区画の配列や街路、住棟形式の観点から、それぞれの類似点、相違点を比較し、根底となっている思想を読み取る。

3．幾何学概念

ベルラーヘは、装飾的な芸術フォームに頼らないで建築書式を定義するために比例している幾何学システムを使用した。これは J.H. デ・フロート(1865-1932)の理論が、ベルラーヘにとって大きな影響を与えていた。ベルラーヘはエジプト三角形の 8:5 で比例を整えることは、建築にとって力学的な安定感も感じることにつながると考えた。これらの三角形を設計に引用する意義として、幅に対して高さを相対的な範囲内に抑えることで、各部位が互いに異なっても、常に一つの関係が保たれるということである。比例しているシステムは次元関係が外部であるより内側の構造から美的な統一が達成されるということを考えていた。これらのモジュールが正しく使用されるなら、建物の割合は外部、内部ともに統一される。

4．ベルラーヘの集合住宅

4-1 時代背景

当時の時代背景として劣悪な住宅の増加により住宅法が制定され、規定に沿った住宅建設が増加していた。しかし、人口の急激な増加で住宅不足に悩まされていた。1918 年に開催された「住宅会議」において標準化に関する提案がされた。しかし、この提案がされる前にベルラーヘは集合住宅で標準化としての姿をすでに表していることになる。これら集合住宅においてほとんどがこの提案がされる前につくられている。これらの集合住宅では既に規格化された寸法体系を導入し、標準化された平面計画を作成していた。ベルラーヘは住宅が規則性へと向かう傾向をすでに指摘していたと考えられる。これは住棟の理念と大量生産とが関係付けられたものであり「同様のモティーフを反復することは、根源的機能なのである」と考えていた。それゆえに、リズムと反復を通じての統一を確信していた。ベルラーヘは住宅が標準化に向かう傾向をすでに集合住宅を用いて主張していたのかもしれない。

4-2 平面プラン

ベルラーヘの平面プランには幾何学的な要素が含まれていて一定のモジュールに沿って作成されていることがわかった。このモジュールは外観のファサードにも影響を与え、ある一定のリズムを生み出している。ここでモジュールに沿って作成されているのは標準化を確立し、統一性をあらわす為であると考えられる。

このモジュールは縦軸間が 1.98m、1.82m、1.82m、1.98mの間隔が繰り返されて作成されている。横軸は 3.5m、0.89m、0.89m、0.89mの間隔で作成されている。このモジュールはベルラーヘの幾何学に対する考えなどの空間意識を伺うことができる。装飾的な芸術的フォー

On the geometrical concept in the housing complex of H.P. Berlage

~Focusing on the floor plan and public square~

발표를 들으면서 개요에 메모를 하고 학생에게 질문한다.

논문을
출판한다

일본의 건축학 박사학위는 공학계열 대학원인 건축학전공에서 3년간의 박사과정을 수료하고 취득하는 과정박사와 논문을 적합한 대학원에 제출하여 심사받아 취득하는 논문박사가 있다. 학위 호칭은 '공학박사', '박사(공학)' (이는 과정박사와 논문박사의 차이이다), 또는 「학술박사」가 일반적이다.

한편, 유럽에서 학술박사에 해당하는 것으로는 Ph.D(Doctor of Philosophy) 학위이다. 일본에서는 이를 학술박사로 하고 있다. 공학박사를 영어로 'Doctor of Engineering' 로 표기하고 있으며, 이런 영문 명함을 해외의 건축사 연구자에게 보이면 전공은 공학기술인지 의아한 얼굴로 쳐다보는 경우가 종종 있다. 그래서 최근에는 건축사 의장계열에서 학위를 취득한 사람 중에는 Ph.D를 의식하고 학술박사 칭호를 선택하는 경우도 있다. 사실, Ph.D는 직역하면 철학사상의 연구자가 모든 학문영역을 커버하는 올마이티(almignty) 호칭으로 유럽에서는 건축학 대부분 연구자가 사용하고 있다.

명칭은 어떻든, 박사는 연구자로서 국제적으로 인정받는 패스포트와 같다고 할 수 있다. 이 학위를 갖고 있으면 독자적인 주제를 발견하고 자력으로 연구를 수행할 수 있음을 증명할 수 있다. 비교하면 좀 어색하지만 건축가 자격으로서 국제적으로 권위있는 영국의 RIBA건축가 자격과 필적할 만하다. 건축가 자격으로 세계에서 가장 어렵다고 하는 RIBA건축가가 되기 위해서는 대학 평가를 바탕으로 자격시험이 있고, 최종 3차 시험에서는 대학을 졸업한 후 실무경험의 상세한 리포트 제출이 요구되어 건축가로서 합당한지에 대한 면접이 진행된다. 이 사람이 정말 충분한 지식과 윤리적인 규범을 갖추고 있는지, 건축가로서 독립할 수 있는지를 평가받게 되는 것이다. 거짓말을 해서라도 돈을 벌겠다고 하는 건축가는 영국에서는 존재하지 않는다.

유럽과 미국에서는 Ph.D로서 연구자 자격을 취득함과 동시에 하나의 의무를 실천해야 한다. 그것은 학위논문 출판이다. 당연히 논문 그대로의 형태로 출판해도 팔리지 않기 때문에 문장과 구성을 수정하여 출판하는 것이 일반적이다. 근대건축사에서 중요문헌이 되고 있는 많은 서적들은 그 저자의 학위논문이기도 하다. 처음으로 근대건축사 수업을 수강한 사람이라면 다 알고 있는, 레이너 번햄 『제일 기계시대의 이론과 디자인』, 찰스 쟁크스의 『현대건축강의』 는 그들의 학위논문이다. (재미있게도 레이너 번햄의 지도교수가 니콜라스 페브스너이고, 쟁크스의 지도교수가 번햄이다).

이와 같이 유럽의 기준과 비교해보면 일본의 많은 연구자들은 학위는 취득했지만 독립하기에는 아직 이르다고나 할까. 나 자신도 학위논문을 출판하지 않았기 때문에 만약 미국이 나의 활동장소였다면 대학 교수직을 할 수 없었을지도 모른다. 물론 일본에서도 학위논문을 출판하는 연구자들도 있으나 서점에서 건축코너를 둘러보면 한 권에 몇 만 엔이나 하는 호화로운 상자에 들어 있는 형태의 책을 볼 수 있다. 이런 책들을 고서점에서 발견하면 바로 사게 되는 책들이다. 하물며 학생은 그런 책의 존재조차 모르는 경우가 많다. 유일하게 예외로는 최근 활발하게 건축평론 활동을 하고 있는 이가라시 타로 정도로 그의 학위논문은 지금 문고책이 되어 있다. 학위논문이야말로 일반 사람들이 쉽게 접근할 수 있는 형태로 출판되어야 한다고 생각한다. 그럼으로써 처음부터 학문의 재미를 폭넓게 전달할 수 있지 않을까.

그렇다면 졸업논문은 어떤가? 대부분의 대학에서는 정해진 파일에 제본하여 제출하게 되어 있다. 연구실에 따라서는 표지에 그림을 붙여 돋보이게 하는 경우도 있으나 논문제목과 제출자 이름, 학적번호만으로 약간 잘 만든 리포트 정도 밖에 안 된다. 보기에 좋아도 내용이 없으면 의미가 없다(내용이 없기 때문에 보기라도 좋게 한다는 생각도 버리는 게 좋다).

논문은 디자인이다. 건축학과 학생이라면 도면과 모형, 프레젠테이션용 패널제작에 심혈을 기울이듯 문자나 도표의 레이아웃 등 논문 제본에도 신경을 쓰길 바란다. 제출 파일이 지정되면 어쩔 수 없지만 그 범위 내에서 내용이 독자에게 잘 전달될 수 있도록 아름답게 마무리해 주길 바란다.

데이터베이스를

만든다

마지막으로 프레젠테이션과는 약간 의미가 다르지만 자료수집, 정리·관리방법에 대하여 설명하고자 한다. 나는 영국의 근대건축사 건축론 연구 이외에 도코모모(DOCOMOMO : Documentation and Conservation of buildings, sites and neighborhoods of the Modern Movement = 근대건축운동에 관한 건물, 토지 및 주변 환경의 기록과 보존)라는 국제조직이 진행하는 근대건축 보존활동에 참가하고 있다. 이 활동 중에는 보존대상의 설계자인 건축가의 이야기를 듣기도 하며, 사무실을 방문하여 설계도면을 보기도 한다. 건축 보존이라는 목적에는 도면이나 자료의 보존과 이들의 정리·관리라는 의미도 포함되어 있기 때문이다. 이름은 말할 수 없지만 일본의 근대건축 거장으로 불리는 건축가 사무소에서조차 도면이나 자료의 정리·관리는 좀처럼 잘 되어 있지 않음을 볼 수 있다. 나쁘게 말하면 설계가 끝나면 그 작업은 마치고 다음 일을 진행한다는 자세가 보여진다. 사실, 그 건축가는 자신의 작품에 대해서는 준공까지만 신경을 쓰고 그 이후는 관심을 보이지 않는다는 말까지 들은 적이 있다.

이와 반대로 유럽과 미국의 건축가는 18세기 백과사전파 시대부터 지적인 전통을 계승하고 있어 일반적으로 다큐멘트에 관한 의식은 높다. 그래서 어느 건축사무실을 방문해도 훌륭하게 도면의 보존, 정리·관리가 잘 되어 있는 것을 볼 수 있다. 또한 유럽과 미국에서는 건축박물관이 건축·도시로 특화되어 박물관이 독립되어 있으며 또는 대학의 한 조직으로서 공립, 사립을 불문하고 존재하고 있다. 이들의 목적은 원본을 중심으로 한 설계자료의 수집, 관리, 공개에 있으며 규모는 다양하지만 정기적으로 도면 전람회를 개최하는 등 일반에게 공개하고 있다.

내가 근무했던 사무실에서는 대표이사 자신이 하버드대학 대학원을 유학하고 졸업 후, 마르셀 브로이어(Marcel Breuer) 사무실에서 근무한 경험을 갖고 있기 때문에 도면 보존과 정리에 대하여 매우 관심을 갖고 있다. 과거의 모든 작업에 관한 원본은 확실하게 보존하고 있으며, 도코모모 조사를 위해 자료 수집을 할 때에도 문제 없이 도면을 찾아 주었다.

일본에서도 건축박물관이 2003년 일본건축학회에 설립되어 요시자카 타카마사(吉阪隆正)와 야마다 마모루(山田守)와 같은 건축가의 도면전시를 했다. 또한 다큐멘트가 전문가를 중심으로 JIA(일본건축가협회)와 카나자와(金澤)공업대학이 협력하여 JIA · KIT건축아케이브라는 조직을 만들어 근대건축발전에 기여한 건축가들의 사무소 폐쇄와 본인의 사후와 함께 도면 분실이라는 위험한 상황을 방지하고 있다.

한편, 학위논문에 대해서는 더욱 어려운 상황이다. 내가 알고 있는 한 졸업논문부터 박사논문까지 공개하여 열람할 수 있는 것은 동경대학을 제외하고는 거의 없을 것이다. 물론, 연구실에 따라서는 잘 보관하고 있는 곳도 있으나 데이터베이스까지 만들어 공개하는 연구실은 거의 없을 것이다. 논문을 제출하면 그것으로 끝나고 졸업하기 때문에 더 이상 보고 싶지 않다고 하는 학생들이 대부분일 것이다. 졸업설계도 상황은 비슷하여 우수작품이나 졸업설계 전시출품작품을 제외하고는, 발표회를 마치면 축제가 끝난 후와 같이 고요함만이 남아 학생이 갖고 가지 않은 모형이 연구실에 그대로 남아 있기도 하다.

AA스쿨에서는 졸업논문(Graduate Thesis)을 마무리하여 제출하고 심사에 합격하면 도서관이 발행하는 논문리스트에 게재되고 도서관에서 원본을 관람할 수도 있다. 어설픈 영어로 작성한 나의 논문이 역대 논문리스트에 실리는 것만으로도 감동이지만 그것을 다른 학생이 보기도 하고 때로는 질문을 받게 될 때는 지적인 연쇄반응을 직접 확인할 수 있고 잔잔히 흥분을 느끼게 한다.

일본의 대학에서도 졸업논문, 졸업설계와 함께 적어도 연구실 단위로 데이터베이스를 만들어보는 것이 어떨까 한다. 논문을 2부 만들 수는 없고, 설계도 최근에는 거의 컴퓨터로 작성하기 때문에 모형작품을 제외하고는 디지털 데이터로 하기 쉽다. 그러면 A1 도면을 A4 크기로 해서 2부, 3부도 제작할 수 있다. PDF라는 공통형식의 파일로 해 두면, 데이터베이스 하기도 쉽다. 비록 수작업의 도면이라도 스캔으로 읽어두면 데이터로는 동일한 형식으로 보존할 수 있다(단, A1 크기 스캔이 필요하다). 모형도 실제 보존은 어렵지만 촬영하여 디지털 데이터로 해 두면 데이터베이스 정보의 하나가 된다.

이런 작업이 건축학과 또는 공학부, 대학단위에서 진행할 수 있다면 가장 이상적이다. 졸업논문이나 졸업설계를 제출한 학생에게는 마지막으로 제출물의 데이터화와 데이터베이스 입력을 하게 하고, 대학원생이 편집을 담당하면 좋을 것이다. 또한 가능하다면 졸업논문, 졸업설계의 영문 요약을 작성하면 해외로 발신하는데 매우 좋을 것이다.

머리말에서 지적했지만 최근 졸업설계작품, 석사설계작품집으로 작성된 책을 많이 출판하고 있다. 이들은 학생이 졸업설계하는 데 참고자료가 되고 있는 듯하다. 졸업설계와 똑같이 졸업논문에도 그와 같은 빛을 주고 싶고 건축이라는 학문에 대하여 학생들의 흥미를 넓혀주고 싶은 것이 나의 희망이다. 우수한 졸업논문의 논문집을 매년 출판하는 지적 풍토로 향하는, 그러나 그렇게 일본 사회가 성숙하기에는 아직 시간이 걸리는 것인지…

인 터 뷰

질문 = 와타나베 겐지(渡邊研司)

스즈키 히로유키(鈴木博之)

난바 가즈히코(難波和彦)

구라카다 순스케(倉方俊輔)

스즈키 히로유키(鈴木博之)

역사는 현대 문제

질 문 | 졸업논문을 지도하고 있으면 무조건 커다란 주제로 하려는 학생이 있습니다. 예를 들면 「영국의 근대건축」으로 결정해 놓고 어디서 어디까지 해야 할지 어려워하는 학생들입니다. 동경대학의 학생은 어떻습니까?

스즈키 | 동경대의 경우, 교수 한 명당 졸업논문 학생 3명까지로 정해져 있습니다. 내 연구실 학생에게는 「서양 근대건축」 영역이라면 어떤 연구주제도 좋으니 학생들 스스로 결정하도록 하고 있습니다.

여름방학까지 건축사에 관한 기본적인 책을 읽고 무엇을 하고 싶은지 조금씩 범위를 좁혀가면서 여름방학이 끝날 무렵이면 테마가 보이기 시작합니다. 9월의 대학원 시험이 끝나고 나서부터 박차를 가하는 것이지요.

질 문 | 무척 자유롭게 하는 분위기입니다?

스즈키 | 그렇습니다. 그러나 그다지 알려지지 않은 건축가나 지금까지 누구도 조사하지 않은 건물을 연구하고 싶다는 학생에게는 그것이 역사적으로 어떤 가치가 있는지 명확하게 밝혀야 한다고 말해 줍니다. 1차 자료를 바탕으로 지금까지 아무도 하지 않은 것을 해야 한다는 것은 아닙니다. 지금까지의 연구역사를 비판적으로 정리하는 것만으로도 논문이 될 수 있습니다. 세부적인 주제를 하면 할수록 오리지널 성격을 갖는 논문이 되기는 하지만, 발견하지 못한 주제를 찾는다는 것은 매우 어렵죠. 졸업논문은 석사나 박사논문 등 이후의 연구를 위한 커다란 그림을 만드는 것이라고 생각하면 좋지 않을까. 그리고 주제를 결정하게 되면, 목차를 만들라고 합니다. 거기서부터 디자인이라고 생각합니다.

무엇을 어디까지 할 것인지, 목차를 만들고나면 그 논문의 가능성이 보입니다.

질 문 | 논문구조를 눈에 보이는 형태로 만든다.

스즈키 | 그렇습니다. 목차를 만들면, 무엇이든 좋으니 어느 한 장(章)을 써보는 것이 좋습니다. 데이터나 도판을 수집하게 되면, 우선 조금이라도 문장으로 해보라고 학생한테 말합니다. 여기서 문장을 쓸 수 있는지 확인하고 싶은 것이죠. 그리고 이건 쉬운 일이 아님을 알게 되면, 목차를 수정하면 됩니다. 머릿속으로만 생각하고 있으면 안 된다는 것이지요.

하나의 장(章)을 쓸 수 있으면, 그 다음은 체력으로 승부해야 합니다. 나는 논문은 길면 길수록 좋고, 쓸 수 있을 만큼 쓰라고 말합니다. 일반적으로 사회에서는 간결한 문장을 요구하고 있지요. 졸업논문은 읽는 사람한테 폐를 끼친다고 생각하지 말고 긴 문장을 쓰게 합니다 (웃음).

질 문 | 스즈키 교수도 논문과 설계, 모두 하셨지요. 지도교수는 누구셨습니까?

스즈키 | 이나가키 에이조(稻垣榮三) 교수입니다. 주제는 자유롭게 하도록 하셨습니다. 그해에 논문을 정리하고 다음년도 초부터 졸업설계를 마감했지만, 설계는 교수님 한 분만이 아닌 조교를 포함하여 여러 교수님한테 지도받았습니다. 기와의 디테일을 배우기도 했습니다.

질 문 | 졸업논문 타이틀은 「아르누보 연구」입니다. 아르누보를 주제

로 한 이유는?

스즈키 | 당시, 메드슨(S.T. Madsen)의 『아르누보』와 다카시나 슈지(高階秀爾)의 『세기말 예술』 등 아르누보에 관한 책들이 나왔었고, 그것들이 매우 흥미로웠다. 그래도 당시에는 건축분야로 아르누보를 연구하는 사람이 거의 없었습니다.

이나가키(稻垣) 교수한테 어드바이스를 받아, 당시 야마구치 히로시(山口廣) 교수한테 책을 빌리러 가기도 하고, 다카시나 교수님에게 이야기 들으러 가기도 하고, 페브스너(Antoine Pevsner)의 「모던 디자인의 원천」이라는 논문을 배우기도 하면서 아르누보의 정의와 변천을 정리해 갔습니다.

질 문 | 그 후, 석사에서는 영국의 근대건축을 연구하여 「근대건축 발생과정에 있어서 건축관의 변천」이라는 논문을 쓰고, 영국으로 유학을 가셨습니다만, 아르누보에서 영국의 근대건축으로 주제가 바뀐 이유는 무엇입니까?

스즈키 | 일본의 초기 근대건축은 영국의 영향이 매우 크기 때문에 역시 그것으로 하자 생각했습니다. 또한 동경대학교에는 조시아 콘더(Josiah Conder) 교수가 있었기 때문에 영국 자료가 많았고, 연구하기 쉬운 환경도 한몫을 했습니다. 그러나 불어, 독어를 못했지요(웃음). 내 뒤로 미야케 리이치(三宅理一)가 불어, 스기모토 토시마사(杉本俊多)가 독어를, 진나이 히데노부(陣內秀信)가 이탈리아어, 연구대상이 각각 분리되었죠.

졸업논문은 학생에게 권리인가, 의무인가, 아니면 교수에게 있어서 권리인가 의무인가, 여러 가지 견해가 있지만 나는 학생의 권리라고 생각하고 있고, 우리들의 학생시절에는 확실하게 그런 풍토가 있어 학생은 자신이 좋아하는 것을 할 수 있게 했습니다. 좋은 혜택을 받았던 것 같습니다.

질 문 | 저는 대학시절의 졸업논문을 잊고 있었는데(웃음), 역시 자신의 근본에 크게 존재하고 있다고 생각합니다. 스즈키 교수는 건축장식에 대한 관심이 학생시절부터 지금까지 연결되고 있지는 않은지요?

스즈키 | 근대는 장식을 갖지 않는 시대인가? 장식에 주목하는 것은 근대에서 어떤 의미를 갖는 것일까? 그런 것을 생각하면서 석사논문을 썼지만, 발표회에서 이케베 기요시(池辺陽) 교수한테 "자네가 말하고 있는 '장식' 이라는 것은 도대체 뭐지?" 라는 질문을 받고 나는 끙끙거리며 여러 가지 반론하여 큰 소동을 일으킨 기억이 납니다.
이케베 교수에게는 장식을 주제로 한 것 자체가 문제였던 것이지요(웃음). 지금 돌이켜보면, 확실히 그때는 근대비판이랄까, 근대건축을 어떻게 재평가할 것인지? 이슈가 되기 시작했었고 내 자신도 그것을 과제로 하고 지금까지 계속하고 있다고 생각합니다.

질 문 | 당시, 연구실의 동기생으로 어떤 분들이 있었습니까?

스즈키 | 나는 석사를 3년간 했었고, 역사연구실에는 나 혼자였습니다. 선배로 3명이 있었으나, 그렇게 많았던 적이 드물었다고 했습니다. 당시의 대학원생이란 연구실에 한명 정도였다. 개인지도라고 해야 할지, 그냥 방치된 학생이랄까(웃음). 박사과정에서는 계획계열의 연구실에 1년 위로 이시이 가즈히로(石井和紘)가, 이케베연구실에는 1년 아래로 난바 카즈히코

(難波和彦)가 있었습니다. 그리고 이시야마 오사무(石山修武), 로카쿠 키조(六角鬼丈), 와타나베 도요카즈(渡辺豊和) 등과 알게 되었습니다. 설계는 하지 않았지만 여러 건축가들과 토론하고 그들의 활동을 직접 볼 수 있는 기회가 있어 매우 좋았던 기억이 있습니다. 모두 20대 중반이었죠.

질 문 | 학생에게 있어서 논문의 논리를 만든다는 것은 매우 어려운 일이라 생각되는데, 무엇이 중요할까요?

스즈키 | 전제(前提)가 가장 중요하다고 생각합니다. 우리들은 중학교 때 수학의 증명 문제를 가정 → 결론 → 증명 → 음미의 순으로 풀어가도록 배웠지만, 논문도 동일합니다. 가장 중요한 것은 가정, 다시 말해서 전제입니다. 자신이 재미있다고 진심으로 느낀 전제는 신뢰해도 좋다고 생각합니다. 연구형식에 얽매이지 않아도 됩니다. 자신이 정말 흥미를 갖고 있는 것을 해야 합니다. 그것은 그 사람에게 있어서 절실한 세계관과 연계되어 있기 때문에 매우 열심히 할 것이고, 잘 조사해보면 절대로 논리는 틀리지 않게 됩니다.

물론, 여러 가지 조사하는 과정에서 다른 사람이 '그건 시시하다' 라고 할지도 모른다. 거기서 논쟁이 일어나게 되는데, 그것은 전제가 다르기 때문입니다. 예를 들면, 건축은 합리적인 것이 좋다고 믿는 A가 '좋다' 라고 평가하는 건축이 있다고 합시다. 그것은 새로운 도전을 하고 있는 건축이야말로 좋다고 생각하는 다른 B에게는 완전히 재미없는 건축이 될 수도 있다. 이것은 전제가 다르기 때문에 논쟁이 일어나게 되는 것이다. 그것만 확실히 해두면 다른 세계관을 갖는 사람과 대항할 수 있을 것입니다.

질 문 | 설계공부를 할 때 우선 도면작성 훈련을 하는 것처럼, 논문 공부을 할 때는 먼저 유명한 책을 읽고 저자가 어떤 논리를 만들고 있는지 본다. 이것이 논리구축의 훈련이 된다고 생각합니다.

스즈키 | 그렇습니다. 연구형식에 얽매이지 말라고 해서 너무 무자비하게 되면 논리 전제를 공유할 수 없게 되지요. 졸업연구 초기에는 레이너 번햄(Reyner Banham)의 책을 읽고 감상을 주고 받고, 다음으로 페브스너(Antoine Pevsner)를 읽어 두 사람의 다른 점에 대하여 정리해 보는 독서회를 하는 것도 좋겠지. 그렇게 해서 조금씩 토론해간다. (중략) 역사 연구자에게는 현대의 것을 빼고 평론하기에는 좀 께름칙한 일로 보는 사람도 있지만 나는 역사연구와 현대건축의 평론을 융합하고 싶습니다.

연구에서 과거와 현대에 대하여 각각 다른 방법으로 묶어버리는 것은 큰 문제입니다. 건축을 연구하려고 생각하고 그 역사를 연구하기 시작하면 모두 커다란 벽에 부디치게 됩니다. 건축은 디자인의 대상인가, 분석대상인가 하고 나는 건축을 분석하는 것도 하나의 디자인으로 생각하고 있습니다. 논문구성을 만든다는 것은 가장 첫걸음이라고 생각해 주길 바랍니다.

스즈키 히로유키(鈴木博之) / 건축사가

1945년 동경 출신. 1968년 동경대학교 공학부 건축학과 졸업. 1974년 동 대학대학원 박사과정 수료, 같은해 전임강사. 런던대학 코털드 미술연구소 유학. 공학박사. 1993년 하버드대학 객원교수. 현재, 동경대학대학원 공학계 연구과 건축학전공 교수. 저서 = 『영국건축의 신경향』, 『러스킨과 비올레 르 뒤크』, 『신건축학 대계 5 근대 · 현대건축사』, 『건축의 유전자』, 『도시의 슬픔』, 『건축의 세기말』 이외 다수.

난바 가즈히코(難波和彦)

논문도 디자인도 가설부터 시작한다

질 문 | 난바 씨가 학부를 졸업한 1969년은 학생운동이 격한 시기였습니다?

난 바 | 대학이 폐쇄되어 입학시험이 중지되었을 정도였지요. 동경대학에서는 졸업논문과 졸업설계가 모두 필수로 졸업논문을 제출한 뒤, 야스다(安田)강당 사건이 일어나 졸업설계가 문제가 아니었습니다.

질 문 | 요시다케 야스미(吉武泰水) 연구실 소속이셨는데, 어떤 연구를 하셨습니까?

난 바 | 마키 후미히코(槇文彦)의 리쇼(立正)대학 쿠마가야(熊谷)캠퍼스가 막 설계된 시점으로 광장이 매우 훌륭했습니다. 옥상 몇 군데에 카메라를 설치해서 학생운동을 촬영하고 공간과 행동과의 관계를 조사했습니다. 마키가 생각했던 패턴 랭귀지(pattern language)와 같은 것을 찾아내 그것이 실제로 어떻게 사용되고 있는지 검증하려고 했지요. 지도교수는 와타나베 다케노부(渡辺武信)와 마츠가와 준코(松川淳子)였습니다. 요시다케 교수의 연구모임은 대학 연구실이 아닌 산 위의 호텔이나 여관 등에서 했습니다. 일부러 장소를 바꾸는 이유를 물었더니 '좋은 공간에서 하면 좋은 아이디어가 나온다."라고 하셨지요. 그렇군, 하고 감탄한 기억이 있습니다 (웃음). 그러던 와중에 의학부의 분쟁이 대학 전체로 확산되어 연구실이 폐쇄되었습니다. 할 수 없이 나는 혼자서 졸업논문을 정리해 어떻게든 제출했지요.

68년 후반부터는 건축학과도 봉쇄되어 급우들과 싸우기도 하고 민청집단의 공격으로 코뼈가 부러지기도 하는 굉장한 시기였습니다(웃음). 그리고 69년 1월 19일 야스다 강당에 기동부대가 들어오게 되었지요. 나는 지방출신의 학생으로 대학분쟁이란 의미도 모른 채 관여하고 있었습니다. 분쟁의 의미를 알게 된 것은 그후 한참 지나서였습니다. 나는 분쟁하는 와중에 동료와 함께 교수를 비판했던 관계로 대학원 면접 때 교수들은 나와 눈을 마주치려고 하지 않았습니다. 당연한 일이죠(웃음). 그러나 그 중에서 전혀 알지 못한 한 사람이 있었습니다. 그가 바로 이케베 기요시(池辺陽) 교수였습니다. 대학원에서 공부만 할 수 있다면 어느 연구실이건 상관없다고 생각한 저를 이케베 교수가 구해주셨던 것이지요.

질 문 | 당시 이케베 연구실은 어떤 연구를 했었습니까?

난 바 | 커튼월의 성능론 등 재미없는 연구였습니다(웃음). 내가 적극적으로 참가한 것은 주택설계였지만, 연구실의 설계방법이 장난이 아니었죠. 1장의 벽을 결정하는데도 이케베 교수는 생각할 수 있는 가능성을 모두 리스트 업하고 재료, 구조, 성능, 가격을 모두 비교한 뒤 선택하게 했습니다.

보통 사무실에서는 거기까지는 하지 않습니다. 그러나 그것을 하지 않으면 이케베 교수한테 많이 야단맞았습니다. "나가 버려!"라는 말을 듣게 되고 진짜 나가버린 사람이 몇명 있었습니다. 저도 몇 번인가 호되게 야단을 맞았습니다만 간신히 견뎌냈습니다. 최후까지 이케베 연구실에 붙어 있었던 것은 아마도 처음부터 이케베 교수에 대해 아무 것도 몰랐었기 때문이 아닌지, 그리고 전혀 모르고 연구실에 들어온 사람도 나뿐이었다는 것도 나중에 풍자꺼리가 되었죠.

질 문 | 석사논문의 주제는 무엇이었습니까?

난 바 | 교양학부에서 읽은 칸트의 『순수이성비판』과 건축계획학과의 관계에 대해 생각했었습니다. 칸트는, 공간과 시간은 사람과 관계없이 존재하는 것이 아니라 인간이 태어나면서 갖게 되는 카테고리가 세상에 딱 맞게 적용됨으로써 탄생한다고 말하고 있습니다. 칸트에 의하면 인식이란 대상으로부터 정보를 단순히 받아내는 것이 아니라 대상으로부터 정보를 카테고리의 필터를 걸쳐 걸러내는 것이라고 합니다.

저는 건축을 볼 때에도 카테고리와 같은 것이 있는 것이 아닌가 생각하고, 조사에서 법칙을 유추하는 연구방법을 검토하는 논문을 썼습니다. 요시다케(吉武) 계획학은 조사라는 방법론에서 성립했기 때문에 그 전제(前提)를 비판하고 싶었습니다. 추상적인 논문이었기 때문에 논문발표 때, 당시 조교수였던 스즈키 시게부미(鈴木成文)가 몇 번인가 머리를 갸우뚱한 적이 기억납니다(웃음). 그러나 후노 슈지(布野修司)를 비롯한 요시다케 연구실의 후배들이 이 논문을 읽고 요시다케 계획학을 총괄하게 되는 힌트를 얻었다는 말을 듣게 되어 매우 기뻤습니다.

난 바 | 60년대 후반은 실존주의가 유행했습니다. 샤르트르의 『방법의 문제』가 화제를 불러 일으키고, 하라 히로시(原広司)도 그와 같은 논문을 썼습니다. 그런 관계로 건축계에서는 설계방법론 연구가 전성을 이루게 되었죠. 당시 설계방법론으로서 가장 주목을 받았던 것은 크리스토퍼 알렉산더의 「형태 합성에 관한 노트」였습니다. 이것은 건축논문이라기 보다는 과학의 리포트와 같은 책이었다. 79년대에 나온 『시간을 초월한 건축의 길』도 획기적인 책이었습다.

처음에 목차가 있고 다음에 목차의 취지를 각각 서술한 「상세한 목차」가 있으며, 이 「상세한 목차」를 본문의 장(章)으로 발전시키는 구성이었다. 하나의 아이템을 분류하고 상세한 논리로 전개하여 최후에는 커다란 체계로 성장한다는 생물진화 과정과 같은 전체가 구축되어 간다. 그때까지 나는 부분적인 아이디어가 모여 전체의 이론을 만들어간다고 생각하고 있었으나 이 책을 읽고 논문 구상은 정반대로 진행되고 있음을 깨닫게 되었습니다. 우선 가설적인 아이디어가 있고, 그것이 분화되고 구체화되어 상세한 체계로 전개한다는 과정입니다. 이후, 나는 건축디자인도 논문작성법도 이런 방법으로 하기로 결정했습니다.

예를 들면, 「상자의 집」을 설계할 때도, 먼저 부지 안의 건물배치를 생각하고 대략적인 외형을 결정합니다. 이 외형을 분화(differentiation)시키는 것이 평면계획이며, 「상자의 집」에서는 분화를 최소한으로 하고 칸막이 없는 하나의 실공간이 탄생하게 됩니다. 당시 건축계의 모토는 「부분에서 전체로」이었으나, 나는 반대로 「전체에서 부분으로」라는 방법으로 전환했습니다.

질 문 | 알바 알토가 부분에서부터 건축을 만들고, 코르뷔지에는 전체로부터 생각하기 시작한다.라고들 말하곤 했습니다. 부분발상인가 전체발상인가? 하는 질문은 건축의 본질을 묻는 문제라고 생각합니다.

난 바 | 그러나 권력을 갖은 사람이 전체발상을 주장하는 것은 좋지 않습니다. 전체 발상의 전제에는 민주주의 대원칙인 사람의 의견을 듣는다는 기본이 없으면 안 됩니다. 단지, 사람의 의

견을 듣는다는 것은 그 의견을 단순하게 받아들인다는 것이 아닙니다. 실행하기는 무척 어렵습니다만, 한 사람 한 사람이 명쾌한 주장을 갖고 그것들이 모여 창조적인 질서를 만들어 내는 것이 이상(理想)입니다.

알렉산더는 수학자로 「일관성(consistency)」이란 언어를 자주 사용합니다. 모호하게 말하지만 배경에는 명확한 논리가 있다. 그의 계획은 매우 훌륭하지만 디자인은 좀 그렇다(웃음). 그의 기술관에도 커다란 문제가 있습니다.

질 문 | 확실히 에이싱(盈進)학원 히가시노(東野)고등학교(1984년)가 세워졌을 때는 이상한 느낌이 들었는데, 며칠 전에 가보니 20년이 지나 주변 환경과 잘 어울리는 인상을 받았습니다. 난바 교수도 설계에 관여했었지요?

난 바 | 네. 그 건물의 확인신청건축가입니다(웃음). 알렉산더가 패턴 랭귀지를 사용하면서 언어로 디자인을 시작했습니다. 차밭에 건물이 서 있는 모습, 공간 분위기에 대하여 전체 이야기를 만들고 거기에서부터 잔가지로 뻗어가는 것과 같이 기와의 색, 벽의 색, 마루의 마감이라는 디테일까지 문장으로 만들어 갔습니다. 그것을 학교의 이사회, 선생님들, 학생들한테 읽게 하고 맞추고, 확인하면서 언어로 이미지를 정리했습니다. 마지막으로 문장을 기본으로 하여 도면이 아닌 현지에서 설계를 하게 되었고, 매우 민주적인 설계과정이었습니다.

나는 교실 통로의 제일 안쪽에 있는 다목적 센터가 가장 좋은 건물이다.라고 생각합니다만, 사실 그것은 패턴 랭귀지의 문장에는 없는 유일한 건물이었습니다. 문장으로 씌여지지 않은 건물이 가장 좋다고 하는 것이 재미있었지요. 조금 신중하게 읽어보면, 이 건물을 돋보이게 하기 위해 다른 건물에 대하여 상세한 언어를 사용해 만들어졌다고 생각할 수 있었습니다.

질 문 | 난바 교수는 그러한 경험을 통해 건축의 방법론을 발전시켰군요. 학생에게는 어떤 지도를 하고 있습니까?

난 바 | 우선, 가설이 되는 테마를 결정하게 합니다. 테마가 결정되면, 다음으로 논문의 개요를 만들도록 지도합니다. 가설부터 결론까지의 대략적인 흐름을 만드는 것이지요. 이것을 할 수 없다면 전체의 논리구상을 모르는 것이 되기 때문에 논문은 쓸 수 없습니다. 물론 쓰기 시작하면 모르는 것이 너무 많아집니다. 그러나 가설이 없으면 문제도 명확하게 되지 않습니다. 가설적인 아이디어부터 출발하는 것은 연구도 디자인도 마찬가지입니다.

졸업논문은 학부에서 공부한 것을 정리하는 것으로 좋습니다. 동경대에서는 논문을 쓰기 시작하기까지 1년반 밖에 건축 공부를 하지 않기 때문에 오리지널은 차후의 문제입니다. 학생에게는 명확한 문장으로 공부한 내용을 정리하도록 말합니다. 그리고 가능하면 논문의 결론을 졸업설계로 전개하도록 이끌고 있습니다.

디자인 연구실의 대학원생에게는 석사논문의 결론을 디자인 제안으로 나타내도록 재촉합니다. 동경대학의 석사과정에서는 논문만이 필수이고 석사 설계는 필수가 아닙니다. 그러나 디자인계열 학생에게는 석사논문을 디자인으로 전개하길 바라고 있습니다.

질 문 | 졸업설계는 체력 승부라고 해도 좋지만, 석사 설계는 1년 정도에 걸쳐 조사한 객관적인 시점이 필요하다고 생각합니다.

난 바 | 저도 그렇게 생각합니다. 작년 전국 석사설계 작품전 심사를 했지만, 논문을 정리한 것을 설계로 전개한 학생이 총체적으로 수준이 높았습니다. 흥미로웠던 것은, 동경 하천의 홍수 상황을 조사해서 도시의 리스크 컨트롤을 주제로 한 동경공업(東京工業)대학 학생의 작품이었습니다. 사회에 대하여 명확하게 설명할 수 있도록 제안으로 정리했습니다. 논문과 연계한 디자인으로 석사설계가 가져야 하는 자세라고 생각합니다. 건축가가 되기 위해서는 대학원 때 그것을 해야 합니다.

질 문 | 최근에는 어떤 테마를 갖는 학생이 많습니까?

난 바 | 제 연구실 학생 20명 중 10명은 해외 유학생입니다. 유학 동기는 모두 동일하게 일본의 도시, 동경 연구입니다. 그러나 도시의 무엇이 문제인가는 모르고 있습니다. 도시가 광고화되고 퍼블릭한 공간개념이 변하고 있다는 분위기는 느끼고 있지만, 구체적인 테마로 전개하지 못합니다. 이러한 점을 졸업설계나 석사설계를 보면 알 수 있습니다.
저는 지금까지 「도시」라는 언어에 거부감이 있습니다. 단케 겐조(丹下建三)의 「동경계획 1960」과 70년대 오사카박람회를 통해 모더니즘의 도시 비전에 대한 기대가 무너져 버렸습니다. 그 후, 이소자키 아라타(磯崎新)를 필두로, 하라 히로시(原広司), 안도 타다오(安藤忠雄), 이토 도요(伊東豊雄) 등과 같은 많은 건축가가 도시에서 탈퇴하여 내향적인 건축으로 향하고 있었다. 그러나 21세에 접어들면서 또다시 도시가 각광을 받기 시작했습니다. 학생도 연구자도 도시로 향하고 있지요. 문제를 지적하고 연구하는 사람은 무척이나 많습니다만, 무엇을 돌팔구로 하여 동경을 바꿀것인가에 대해서 구체적인 발상을 하지 못하고 있습니다.

현대는 정책적인 공공사업에 의해 도시를 바꾸는 시대는 아닙니다. 광고적인 건축을 통해서 공공성으로 어프로치하지 않으면 안 되는 시대입니다. 각각의 건물을 통해서 도시로 접근하는 방법 밖에 없다고 생각합니다. 롯본기 힐이나 동경 미드타운이 만들어지는 등, 동경이라는 도시가 바뀌졌다라는 것은 알겠으나 도시 전체의 의미 부여는 보이지 않습니다. 모리빌딩의 CEO는 미나토구(港區)에 앞으로 10여 개의 초고층을 세우는 제안을 하고 있습니다. 어떤 도시공간을 만들려고 하는 것일까 명확한 비전은 없습니다. 앞으로 세계의 도시가 테마파크화되어 가는 예감이 듭니다.

작년 여름 연구실 학생을 데리고 로마에 갔습니다. 세상도 이젠 끝이구나 생각했고, 처음으로 로마에 간 70년대 초는 매우 온화한 거리였으나, 현재는 도시공간이 모두 상품화되어 마치 거대한 디즈니랜드처럼 되었습니다. 돈으로 쌓아 올린 듯한 건축이 만들어져 있었고, 동경도 점점 그렇게 되고 있습니다. 그러나 그것이 무엇을 위한 것인지 잘 모르겠습니다.

예를 들면, 많은 사람들이 초고층 건축에 대해 비판적임에도 불구하고 초고층이 계속해서 건설되고 있는 현실을 어떻게 생각하고 있을까? 도시와 건축연구자는 초고층이 만들어내는 랜드스케이프를 심각한 문제로 삼지 않는다면 정말 곤란합니다. 이런 테마를 들고 나오면 자본가의 편을 들고 화내는 사람들이 있지만(웃음). 츠기지마(月島) 연구성과가 도시재생으로 피드백할 수 있을지 의문입니다.

질 문 | 난바 교수에게 있어서 문장을 작성하는 것과 설계한다는 것은 어떤 의미를 갖는 것입니까?

난 바 | 설계쪽이 절대적으로 재미있습니다. 문장을 쓰는 것은 고통입니다(웃음). 저는 문장을 쓸 때 우선 아웃 라인을 스케치합니다. 그대로 써내려 가려고 하지만 잘 되지 않습니다. 그것이 글을 쓰는 오묘한 맛이기도 하고 쓰라린 경험이기도 합니다. 그렇다고 해서 술술 쓸 수 있다는 건, 발견이 없어 재미없습니다(웃음). 건축디자인은 해결하지 않으면 안되는 문제가 많고, 혼자서는 할 수 없기 때문에 자신의 생각을 초월해야만 앞으로 진행하게 됩니다. 그러나 문장은 쓰기 시작하는 것도 마무리를 하는 것도 자신이 하는 것이므로 고독한 작업입니다. 특히 긴 문장을 쓸 때는 7전8기입니다. 스케치만 하게 되고 좀처럼 쓰질 못합니다.

마감이 지나 편집자의 독촉 메일을 몇 번이나 받고, 마감 전 3일부터 쓰게 됩니다. 왜 일주일 전에 끝내지 못했을까 하고, 언제나 후회하곤 합니다(웃음). 1년 전 200장 원고를 썼습니다만, 구상하는데 1년, 실제 쓰는데 1년 걸렸습니다. 현재도 공저자로 건축가의 주택을 수집한 새로운 책 원고를 쓰고 있지만 정말 괴롭습니다.

70년대 말에 워드를 사용하고부터 문장 단위를 짧게 하고 애매모호한 표현을 피하고 접속사를 가능한 사용하지 않게 되었습니다. 가라타니 코진(柄谷行人)의 영향이라 생각합니다. 가라타니의 문장은 논리전개가 명쾌합니다. 그의 문장은 내용과 문체를 분리할 수 없습니다. 명쾌한 문장은 명쾌한 생각을 유도합니다. 그의 영향으로 기승전결이 명확하고 스피드감이 있는 문장을 쓰도록 노력하게 되었습니다. 문장을 쓰는 것은 그야말로 어렵습니다만(웃음), 문장을 쓰지 않으면 자신의 생각을 이론화시킬 수 없습니다. 생각(사상)을 문장으로 하는 것은 건축디자인 목표가 객관화되어 사람들에게 전달할 수 있게 됩니다. 도면이나 모형 또한 중요하지만, 언어는 건축에 대한 생각을 하는데 불가결한 미디어라고 생각합니다. 나에게 있어서 책을 읽고 글쓰는 것은 건축디자인과 일체가 된 사이클입니다.

■ **난바 가즈히코(難波和彦) / 건축가**

1947년 오사카부 출신. 1969년 동경대학 공학부 건축학과 졸업. 1974년 동경대학대학원 박사과정 수료. 현재 동경대학대학원 공학계연구과 건축학전공 교수. 저서 = 『주거학 대계 039 건축적 무의식』, 『전후 모더니즘 건축의 극복 이케베 기요시 시론』, 『상자의 집에 살고 싶다』, 『상자 구축』, 『상자의 집 에코하우스를 향하여』 이외 다수.

구라카다 순스케(倉方俊輔)

위대한 실패에서 배운다

질 문 | 구라카다 씨는 이미 작가이기도 한 주목받는 젊은 연구자 중 한 사람입니다. 원래 건축사를 전공한 이유는 무엇입니까?

구라카다 | 사실, 건축학과에 입학할 때부터 설계하고 싶은 생각이 없었습니다. 문과와 이과 어느 쪽도 아닌 것이 좋다라는 의식을 갖고 있었고, 미술로 진학하려고도 생각했었습니다만 건축 쪽이 싫증나지 않겠지? 하는 직관적으로 생각하고(웃음), 건축학과로 진학했습니다. 당시에는 평론 같은 것을 막연하게 생각했습니다. 건축사라는 분야를 알게 된 것은 대학에 들어오고 나서부터입니다. 3학년을 마칠 즈음에 연구실 선택을 건축사인 나카가와 타케시(中川武)연구실로 하였습니다. 당시에는 니시모토 신이치(西本眞一)연구실과 함께 했었기 때문에 인원이 많았습니다. 4학년만 15명 정도였습니다. 서양, 아시아, 일본근대라는 주제별 대강좌 제도였습니다.

저는 일본 이외를 테마로 잡는다는 생각을 하지 못했기 때문에 일본근대 세미나를 선택했지요. 박사과정에는 나가타니 노리히토(中谷礼仁)와 요네야마 이사무(米山勇)가 있었고 석사를 포함해 7, 8명이었습니다. 나카가와 교수는 각각 학생을 돌보는 스타일이 아니었습니다. 지금 생각해도 대단했던 것은, 중간발표 때 나카가와 교수는 거의 주무시고 있었는데(웃음), 그러나 날카로운 지적을 하시곤 했습니다.

지금까지 들은 적이 없지만 확실히 그렇군! 하는 방향성을 자극하는 말을 했었죠. 그래서 존경하고 있고 좋은 지도를 받았다고 생각합니다.

저의 졸업논문 주제는 이토 추타(伊東忠太)의 졸업논문에 대한 것이었습니다.

질　문　| 그건 재미있군요. 왜 이토 추타였습니까?

구라카다　| 처음에는 몰랐습니다만, 나가타니가 했던 주제 중 하나가 이토 추타로, 들어보니 재미있겠다라고 생각했죠. 일본의 근대 건축에는 막후 말과 제2차 세계대전이라는 두 번의 단절 시기가 있습니다. 정통성이 두 번 무너져 버렸다는 것에 매우 흥미를 느끼고 세미나에서 그렇게 말했습니다.

이토 추타라는 사람은 첫 번째 무너진 시기에 뭔가 하려고 했던 사람이 아닌가 하고 관심을 가졌습니다. 이토 추타의 졸업논문 「건축철학」은 700페이지 가까이 됩니다. 3부 구성으로 되어 있고, 아직 미완성(웃음)입니다.

질　문　| 700페이지에 미완성 ! 그럴만도 하네요, 「건축철학」이 주제이니까(웃음). 요즘 같아서는 말도 안 되는 주제이지요. 몇 년 걸릴 것으로 생각됩니다(웃음).

구라카다　| 정말 그런 말을 들을 겁니다. 「건축철학」의 제1편, 제2편은 건축이란 무엇인가, 일본건축의 장래는 어떻게 될까, 즉 건축 이론과 실천을 주제로 전개하고 있습니다. 제3편은 역사편으로 고대에서 시작하여 메소포타미아, 이집트 … 하는 식, 모든 건축사를 전개하려 하고 있지요. 제3편이 700페이지 중 300페이지 정도를 차지하고 있습니다. 결국, 그리스건축에서 끝나고 맙니다(웃음). 전체 25항을 예정했는데 11항밖에 쓰지 못했죠. 위대한 실패작입니다. 저는 그중에서 논리를 분석하려고 했습니다.

이토 추타의 졸업논문이 보관되어 있는 동경대학 건축학전공 도서실을 다니면서 내 나름대로 이해했습니다만, 이론적으로 정리했다가도 오리무중이 되곤 했습니다.

왜냐하면, 이토 추타의 졸업논문은 모순이었습니다. 그래서 정확한 논리를 쓸 수 없었던 것이지요. 저는 연구한 성과를 정리하지 못했습니다. 물론, 분석이 유추였다는 사실도 있습니다만, 「건축철학」은 이토 추타의 사상, 즉 모순을 그대로 서술하는데 그치고 있었던 것이지요. 저의 졸업논문은 실패작입니다 (웃음).

질 문 | 와세다의 경우, 논문과 설계 양쪽 모두 하지 않으면 졸업이 안 되지요. 구라카다 씨의 졸업설계는 무엇입니까.

구라카다 | 어쨌든 제출만 하면 된다는 정도였습니다. 우에노 공원의 연못 위로 문화시설 같은 것을 만든 기억이 있습니다. 전혀 설계하고 싶은 마음이 없었습니다.

질 문 | 최근 의식이 좀 있는 학생은, 예를 들면 졸업설계에서 학교건축을 한다면 졸업논문도 학교건축을 테마로 하여 설계와 논문을 함께 생각하는 경향이 있습니다.

구라카다 | 이론과 실기(실천)가 관계를 갖는다는 것은 이상적이라 생각합니다. 그러나 제가 학생 때에는 연구주제에 대하여 실기와 상관없이 생각했던 시절이었습니다. 일반적인 상식에서 벗어나 어디까지 갈지 잘 모르겠지만 절대적으로 그 방향에는 값진 가치가 있을 것이다.라고 생각하는 것을 논문 주제로 해야 하지 않을까요? 실기와 관련시킴을 전제로 해버리면 처음에 생각했던 구상을 쥐어 짜게 됩니다.

이론은 이론으로서 깊이 연구해 가면 언젠가 실기(실천)와 관계를 맺게 되지 않을까? 생각합니다. 같은 사람이 한 것이라면 관계를 맺게 되는 것이지요. 어떤 사람의 졸업설계와 졸업논문이 어떤 관계가 있는 것인지는, 10년 후 그것이 보이게 되면 그것으로 충분하다. 학생 때 보이는 관계성이란 진실한 관계성이라고 말할 수 없지요.

질 문 | 매우 중요한 이야기입니다. 확실히 이론과 실기(실천)와는 역설적인 관계가 있습니다. 구라카다 씨는 논문 작성에 대하여 어떻게 기르치고 있습니까?

구라카다 | 결론은 문을 3번 노크한다.라고 말합니다. 논문의 결론은 3번 보지 않으면 안 된다고 생각합니다. 첫 번째는 직관, 두 번째는 목차구성, 세 번째는 실제로 써봄으로서 보게 된다. 설계에서도 '이것으로 할 수 있다!' 라고 건축 전체가 확 보여지는 순간이 있지요. 길은 확실하게 보이지 않지만 절대적으로 이것으로 한다.라는 확신, 그러나 갑자기 오는 것이 아니라 그 전에 여러 가지 사전 조사가 있습니다.

논문도 마찬가지입니다. 조사하면 자연스럽게 결론을 이끌 수 있다는 것이 아니라, '어떻게 하지, 이 상태로는 정리가 안돼' 하고 막막해질 때, 어느날 갑자기 '이것으로 할 수 있다!' 하는 직관적으로 파악할 수 있는 순간이 옵니다. 그때 살짝 보인 결론을 목표로 해서 목차를 구성하고 몇 개의 장(章)을 써봄으로써 연결시켜 갑니다. 그러면서 매우 논리성이 없음을 알게 됩니다. 건축의 시공현장에서도 계획한 대로 안 되는 경우가 종종 발생하지 않습니까.

논문도 실제로 쓰기 시작하면서 알게 되는 것이 있습니다. 앞에서 이것을 말하지 않으면 안 되지만 이를 말하기 위해서는 이 결론을 말해 두지 않으면 안 된다 등 수집한 데이터의 90%를 버리는 결단을 하는 것이 직관입니다. 조사한 모든 것을 사용하려고 하면 논문은 쓸 수 없습니다. 어떻게하면 결론을 낼까만을 생각하면 10%도 남지 않습니다. 어떻게 버릴까? 설계도 마찬가지입니다. 설계공모전인 경우, 원형의 안으로 할까 사각형의 안으로 할까 모든 안을 생각하고 최후에 하나를 남기고 나머지는 모두 버립니다.

질 문 | 혹시 처음에 생각한 안이 제일 좋을지도 모르지만, 그만큼 생각하지 않으면 결단을 내릴 수 없다.

구라카다 | 그렇습니다. 스스로 조사하고 발견하는 순서와 논문의 결론을 구성하기 위해 필요한 순서는 별개로 생각하는 것이 좋습니다. 논문만이 아니라 문장은 '작품' 입니다. 독자는 서로 다른 경험을 갖고 있는 타인이기 때문에 이들에게 받아들여지기 위해서는 자연스럽게 보이는 조작이 있습니다. 그래도 완벽하게 전달하지 못하고, 이해하지 못하거나 오해받기도 합니다. 내 손에서 떠나면 보호할 수밖에 없습니다. '작품' 은 그렇게 해석됩니다.

질 문 | 역사연구의 경우 실증자료가 중요한데, 증거를 확실하게 하지 않으면 안 된다. 그것이 문헌이거나 도면, 사진, 모형일 수도 있고 이야기를 청취하는 것도 충분한 증거가 된다. 구라카다 씨는 증거로서 무엇에 중점을 두고 있습니까?

구라카다 | 학생들은 논문과 설계가 다르다라고 말하고 있지만 주관을 객관화하는 것이 논문의 가장 중요한 목적입니다. 그렇기 때문에 증거라는 확실한 것에 부딪치지 않으면 의미는 없습니다. 확고하게 변하지 않는 증거와 부딪치면서 논리를 구성해가지 않으면 작문이나 단락을 쓰는 것과 다를 바 없게 됩니

다. 근대연구는 이것으로 고생하게 됩니다. 고대의 유적을 발굴하게 되면, 그것은 불변인 사실이기 때문에 절대적으로 확고한 증거가 됩니다. 그러나 근대의 경우, 그게 어렵습니다. 자료는 무궁무진하게 많습니다.

추정도 간단하게 할 수 있는 시대이기 때문에 그 중에서 좋은 것만 선택하면 흥미로운 스토리 구성도 어렵지 않게 만들 수 있습니다. 그러나 확실한 것이 많지 않은 장르의 경우는 확고한 증거를 만들어가면서 하지 않으면 안 됩니다. 그것이 없으면 논문이 될 수 없습니다.

질 문 | 근대연구의 경우, 본인에 의한 증언도 중요하게 다루어집니다. 단지, 연로하신 건축가의 이야기를 듣게 되면, 응 – 정말 그럴까? 하고 생각한 적도 있습니다 (웃음).

구라카다 | 정말 그렇습니다. 그러나 본인에게 그것은 사실이기 때문에 할 수 없습니다(웃음). 한때 그렇게 발언했던 것 자체가 증거가 되지요. 해석은 차후 문제이지만 저는 이토 추타(伊東忠太)와 요시자카 타카마사(吉阪陸正)와 같은 인물연구를 하고 있습니다만, 매우 냉험한 연구이기도 합니다. 그 사람을 아주 깊이 있게 알고 싶은 열정과 연구대상의 소재로서 그 사람을 다루어야 하는 냉철함, 그리고 당사자가 '틀리다' 라고 말해도 절대로 내가 옳다고 잘라 말할 수 있을 정도가 되지 않으면 인물연구는 할 수 없습니다.

본인의 증언은 매우 중요한 증거가 됩니다. 본인한테 자신의 모든 것을 설명해 주길 바란다는 건 어렵습니다. 인간이란 자기 자신을 제일 모르기 때문이죠.

구라카다 | 저는, 결국 설계도 논문도 혼자서 할 수밖에 없다고 생각합니다. 물론, 조언을 듣거나 협동이 필요합니다. 그러나 이것이 결론이다.라고 보여지는 순간은 절대적으로 혼자 합니다. 단지, 객관적인 설득력을 갖지 않으면 안 됩니다. 졸업논문이든 졸업설계이든, 여태까지 보지 못했고 매우 설득력이 있어 지금까지 없었던 것이다.라고 상대방이 생각할 정도의 구상에는 일종의 객관성이 있다. 이런 것을 목표로 해주길 바랍니다.

질 문 | 확실히, 하지 않은 것을 할 필요는 있지만 지금까지 그 누구도 하지 않은 것이란 발견하지 못하거나 연구가 어렵다든가 하는 이유가 있습니다.

구라카다 | 그렇습니다. 학생한테 어떤 주제를 하면 좋을지 질문을 받으면, 그건 간단해, 자신이 흥미를 느끼고, 누구도 하지 않은 것, 할 수 있는 것, 이 3가지다라고 말해 줍니다. 자발적으로 열정이 없다는 것은 교수한테 하라고 해도 못합니다. 그러나 한편, 주제는 스스로 생각하지 않아도 된다고 생각합니다.
교수한테 들은 주제라도 인식이 다르다면 충분히 자신의 주제가 될 수 있습니다. 물론, 교수는 그런 주제를 적극적으로 학생에게 주어야 한다고 생각하고요. 같은 주제라도 다른 측면에서 보면 그 누구도 하지 않은 시점이 반드시 있기 때문입니다. 그것을 목표로 하지 않으면 안 됩니다. 그리고 나서 할 수 있는 것, 이것 역시 매우 중요하다.
왜냐하면, 그리스 건축을 조사하고 싶어도 그리스 언어를 모르기 때문에 조사할 수 없고, 법륭사(法隆寺) 이전의 일본 사원건축을 조사하고 싶어도 그 건축물은 없기 때문이죠.

질 문 | 구라카다 씨의 박사논문「이토 추타의 건축이론과 설계활동에 관한 연구」에서는 어떤 것을 하려고 했습니까?

구라카다 | 하려고 했던 것은 졸업논문과 동일합니다. 크게 실패한 논문의 복수입니다(웃음). 대체적으로 4학년이 되어서 결정한 주제의 논문이란 실패하기 마련입니다. 반년만에 논문이 될 수 없지요. 객관적으로 지나치게 정리해버려 아무런 의견이 없거나 의견을 건너뛰거나 해서 실패하게 됩니다.

실패하지 않은 논문이란 단순히 스스로 수준을 낮게 설정해 놓는 정도라고 할 수 있습니다. 높게 뛰어 넘으려고 생각하면 절대로 실패합니다. 이것으로 자신의 장래를 결정한다는 각오로 높게 뛰려고 했지만 멋지게 실패한 졸업논문이 바로 이토 추타의「건축철학」입니다(웃음). 물론, 실패하면 안 되므로 어디를 실패했는지 스스로 자각하지 않으면 안 됩니다. 사실을 소홀히 했다거나 구상이 부족했다거나 성공했는지 실패했는지도 모르는 논문이 가장 안 좋은 논문이라 생각합니다. 학생한테는 아주 커다란 실패를 하라고 말합니다.

질 문 | 이토 추타는 그 후 여러 가지 건축을 만들고 있습니다만 이론과 설계는 어떻게 관계하고 있는지요?

구라카다 | 우선 졸업논문과 졸업설계는 완전히 분열되고 있습니다. 졸업설계는 교회이지요. 여기에는 아무런 이론도 없고 마지막으로 하고 싶은 대로 내버려 둬! 라는 완전한 설계의 자유를 요구했습니다. 그래서 논문과 설계는 연결되어 있지만 어딘가 결정적으로 틀린 부분이 있음을 알게 되었습니다. 그 뒤, 이토 추타는 세계여행을 하고 1908년에「건축진화론」을 발표합니다만, 일본은 과도기로 지금부터 어떤 건축이 나올지

인위적으로 결정할 수 없다고 말합니다. 인위적으로 결정할 수 없다고 말하기 때문에 이토 추타는 건축가의 독창성을 배제하고 있다라고 해석되어 왔습니다. 그러나 과도기이기 때문에 여러 가지 도전을 할 수 있다.

즉 자신의 설계 행위를 정당화하고 있다고도 해석할 수 있다. 미래의 가치란 지금은 판단할 수 없다라는 교묘한 논리로 설계의 자유로운 영역을 확실하게 보장하고 있습니다. 그렇게 해석하면 이토 추타가 주창한 「건축진화론」은 그가 설계한 건축과는 모순이 없게 됩니다. 다시 말하면 「건축진화론」은 「건축철학」의 복수입니다. 건축이란 무엇인가, 이론과 실천은 어떤 관계인가, 그리고 일본건축의 미래는 어떻게 되는지 등의 문제, 이들은 졸업논문에 품고 있었던 것들로, 40세 때 「건축진화론」으로 대답할 수 있었던 것입니다. 그 후 세상을 떠날 때까지 그 노선으로 가고 있었고 이토 추타의 강한 끈기는 대단했습니다.

저의 박사논문에서 증명한 것은 단적으로 말하면 '이토 추타는 건축가다' 라는 이것 뿐입니다(웃음). 요약해 보면, 이론과 실천이란 관계를 처음으로 생각한 건축가라는 것, 졸업논문 때에는 몰랐지만 박사논문을 쓰기 시작할 때 처음으로 내가 실패한 의미를 알게 되었습니다. 이토 추타는 졸업논문에서 건축과 실천의 관계라는 커다란 문제에 대답을 하려고 했던 것입니다. 정말 거대한 구성으로 당연히 실패했습니다. 그 실패의 의미를 보지 못했다. 그것이 나의 졸업논문의 실패였습니다. 이토 추타의 졸업논문이 갖는 의미는 그의 전체를 모르면 찾을 수 없기 때문입니다.

논문을 쓴다는 것은 확고한 것을 언급하면서 연구의 지극히 확실하지 않은 부분을 체험하고 느끼는 절호의 기회라고 생각합니다.

■ **구라카다 슌스케(倉方俊輔) / 건축사가**

1971년 동경도 출신. 1994년 와세다대학 이공학부 건축학과 졸업. 1999년 와세다대학대학원 박사과정 졸업. 박사(공학). 현재, 동경이과대학, 메이세이대학, 와세다대학예술학교 강사. 2006년 일본근대 예술장려상, 토몽(稲門)건축회 특별공로상 수상, 저서=『요시자카 타카마사와 르 코르뷔지에』, 『동경건축 가이드 북-메이지, 타이쇼, 쇼와』, 『요시자카 타카마사의 미궁』, 『주택 70년대 미친 듯이 피다』, 『르 코르뷔지에의 인도』, 『이토 추타를 알고 있습니까』 이외 다수.

참고문헌

머리말

近江榮『建築設計競技――コンペティションの系譜と展望』鹿島出版会、1986年
五十嵐太郎編『卒業設計で考えたこと。そしていま』彰国社、2005年
五十嵐太郎編『卒業設計で考えたこと。そしていま2』彰国社、2006年
日本建築学会編『建築系学生のための卒業設計の進め方』井上書院、2007年
仙台建築都市学生会議＋せんだいメディアテーク編『卒業設計日本一決定戦OFFICAL BOOK せんだいデザインリーグ2007』建築資料研究社、2007年
東海大学工学部建築学科参考作品集編集委員会編『東海大学工学部建築学科参考作品集 PROCESS 2007 vol.28』東海大学出版会、2007年
Ellen Eve Frank, *Literary Architecture*, University of California Press, 1979
Joan Ockman, *Architecture Culture 1943-1968*, Rizzoli, 1993
Kate Nesbitt, ed., *Theorizing a New Agenda for Architecture : An Anthology of Architectural Theory 1965-1995*, Princeton Architectural Press, 1996
Iain Borden, Katerina Rüedi, *The Dissertation, An Architecture Student's Handbook*, Architectural Press, 2000

Step 1 구상 ■

川喜田二郎『発想法――創造性開発のために』中公新書、1967年
山口広『解説　近代建築史年表 1750-1959』建築ジャーナリズム研究所、1968年
川喜田二郎『続・発想法――KJ法の展開と応用』中公新書、1970年
R.ランダウ『イギリス建築の新傾向』鈴木博之訳、鹿島出版会、1974年
ル・コルビュジエ『ル・コルビュジエの手帖　東方への旅』中村貴志・松政貞治訳、同朋舎出版、1989年
高山宏『カステロフィリア――記憶・建築・ピラネージ』作品社、1996年
松岡正剛監修、編集工学研究所構成『増補　情報の歴史』NTT出版、1996年
工作舎編『ブックマップ プラス』工作舎、1996年
初田亨・大川三雄・吉田鋼市・川向正人『図説　近代建築の系譜』彰国社、1997年
五十嵐太郎編『READINGS：1　建築の書物／都市の書物』INAX出版、1999年
松岡正剛『知の編集工学』朝日文庫、2001年
吉田鉄郎『建築家・吉田鉄郎の「日本の住宅」』近江榮監修、向井覚・大川三雄・田所辰之介訳、鹿島出版会、2002年
戸田山和久『論文の教室――レポートから卒論まで』日本放送出版協会、2002年
吉田鉄郎『建築家・吉田鉄郎の「日本の建築」』薬師寺厚訳、伊藤ていじ註解、鹿島出版会、2003年
ウイリアム・ペーニャ／スティーブン・パーシャル『プロブレム・シーキング――建築課題の発見・実践手法』溝上裕二訳、彰国社、2003年

矢代眞己・田所辰之助・濱嵜良実『20世紀の空間デザイン』彰国社、2003年
斎藤兆史・野崎歓『英語のたくらみ、フランス語のたわむれ』東京大学出版会、2004年
柄谷行人『定本　柄谷行人集2　隠喩としての建築』岩波書店、2004年
小林康夫・山本泰編『教養のためのブックガイド』東京大学出版会、2005年
吉田鉄郎『建築家・吉田鉄郎の「日本の庭園」』近江榮監修、大川三雄・田所辰之介訳、鹿島出版会、2005年
広島大学総合科学部101冊の本プロジェクト編『大学新入生に薦める101冊の本』岩波書店、2005年
茂木健一郎『「脳」整理法』ちくま新書、2005年
阿部仁史・小野田泰明・本江正成・堀口徹編著『プロジェクト・ブック』彰国社、2005年
藤原成曉『歩く・見る・描く・デザインする——スケッチで脳を触発しよう』彰国社、2006年
中山繁信『手で練る建築デザイン』彰国社、2006年
鈴木恂『風景の狩人——建築家の視野』彰国社、2006年
佐藤可士和『佐藤可士和の超整理術』日本経済新聞出版社、2007年
原研哉・阿部雅世『なぜデザインなのか。』平凡社、2007年
Turpin Bannister, ed., *The Architect at Mid-Century*, Reinhold Publishing, 1954

Step 2 조사 · 계획

ニコラス・ペヴスナー『モダン·デザインの展開』白石博三訳、みすず書房、1957年
ウルリヒ・コンラーツ編『世界建築宣言文集』阿部公正訳、彰国社、1970年
長谷川堯『神殿か獄舎か』相模書房、1972年（鹿島出版会、2007年）
W.サイファー『文学とテクノロジー』野島秀勝訳、研究社出版、1972年
藤井正一郎・山口廣編著『日本建築宣言文集』彰国社、1973年
レイナー・バンハム『第一機械時代の理論とデザイン』原広司校閲、石原達二・増成隆士訳、鹿島出版会、1976年
鈴木博之『建築の世紀末』晶文社、1977年
八束はじめ『近代建築のアポリア——転向的建築論序説』PARCO出版、1986年
ランスロット・L・ホワイト『形の冒険』幾島幸子訳、工作舎、1987年
ユリウス・ポーゼナー『近代建築への招待』多木浩二監修、田村都志夫訳、青土社、1992年
ジョン・ラング『建築理論の創造』高橋鷹志監訳、今井ゆりか訳、鹿島出版会、1992年
クリストファー・アレグザンダー『時を超えた建設の道』平田翰那訳、鹿島出版会、1993年
D.アグレスト『圏外からの建築——映画・写真・鏡・身体』大島哲蔵訳、鹿島出版会、1995年
E.フッサール『ヨーロッパ諸学の危機と超越論的現象学』細谷恒夫・木田元訳、中公文庫、1995年
J.リクワート『アダムの家——建築の原型とその展開』黒石いずみ訳、鹿島出版会、1995年

J.チャドウィック『線文字Bの解読　第2版』大城功訳、みすず書房、1997年
黒石いずみ『「建築外」の思考——今和次郎論』ドメス出版、2000年
ウヴェ・フリック『質的研究入門』小田博志・山本則子・春日常・宮地尚子訳、春秋社、2002年
日本建築学会 意味のデザイン小委員会編著『対話による建築・まち育て——参加と意味のデザイン』学芸出版社、2003年
無藤隆・やまだようこ・南博文・麻生武・サトウタツヤ編『質的心理学』新曜社、2004年
S.T.コウルリッジ『方法の原理』小黒和子編訳、法政大学出版局、2004年
ポール・ヴァレリー『ヴァレリー・セレクション（上・下）』東宏治・松田浩則編訳、平凡社、2005年
アンドルー・ロビンソン『線文字Bを解読した男』片山陽子訳、創元社、2005年
N.K.デンジン・Y.S.リンカン編『質的研究ハンドブック1巻　質的研究のパラダイムと眺望』平山満義監訳、岡野一郎・古賀正義編訳、北大路書房、2006年
N.K.デンジン・Y.S.リンカン編『質的研究ハンドブック2巻　質的研究の設計と戦略』平山満義監訳、藤原顕編訳、北大路書房、2006年
N.K.デンジン・Y.S.リンカン編『質的研究ハンドブック3巻　質的研究資料の収集と解釈』平山満義監訳、大谷尚・伊藤勇編訳、北大路書房、2006年
アンソニー・ヴィドラー『歪んだ建築空間』中村敏男訳、青土社、2006年
野家啓一『歴史を哲学する』岩波書店、2007年
Panayotis Tournikiotis, *The Historiography of Modern Architecture*, The MIT Press, 1999
Linda Groat, David Wang, *Architectural Research Methods, Wiley*, 2001

Step 3 기본설계 ■■■

K.R.ポパー『推測と反駁』藤本隆志・石垣壽郎・森博訳、法政大学出版局、1980年
A.F.チャルマーズ『科学論の展開　What is this thing called Science?』高田紀代志・佐野正博訳、恒星社厚生閣、1985年
ネルソン・グッドマン『世界制作の方法』菅野盾樹・中村雅之訳、みすず書房、1987年
井上充夫『建築美論の歩み』鹿島出版会、1991年
図研究会『図——建築表現の手法』東海大学出版会、1999年
アラン・ホルゲイト『構造デザインとは何か』播繁監訳、鹿島出版会、2001年
アーウィン・パノフスキー『ゴシック建築とスコラ学』前川道郎訳、ちくま学芸文庫、2001年
伊勢田哲治『擬似科学と科学の哲学』名古屋大学出版会、2002年
藤本滋之『やさしく書ける英語論文』松柏社、2002年
斎藤公男『空間 構造 物語——ストラクチュラル・デザインのゆくえ』彰国社、2003年
宮脇塾講師室編著『眼を養い 手を練れ——宮脇檀住宅設計塾』彰国社、2003年
佐々木健一『美学への招待』中公新書、2004年
日本建築学会編『第3版　コンパクト建築設計資料集成』丸善、2005年
野矢茂樹『入門！論理学』中公新書、2006年
福澤一吉『科学的に説明する技術』ソフトバンククリエイティブ、2007年

Andrew Domondon・吉岡友治『TOEFL®テスト ライティングの方法』実務教育出版、2007年
上松佑二『建築美学講義』中央公論美術出版、2008年
Wayne C. Booth, Gregory G. Colomb, Joseph M. Williams, *The Craft of Research*, University of Chicago Press, 1995
Peter Jones, *Ove Arup Masterbuilder of the Twentieth Century*, Yale University Press, 2006

Step 4 실시설계

吉武泰水『建築計画学の創成』建築家会館、1999年
山内志朗『ぎりぎり合格への論文マニュアル』平凡社新書、2001年
野矢茂樹『論理トレーニング101題』産業図書、2001年
三沢浩『A・レーモンドの建築詳細』彰国社、2005年
齋藤孝『段取り力──「うまくいく人」はここがちがう』ちくま文庫、2006年
吉村靖孝編著『超合法建築図鑑』彰国社、2006年
ウィリアム・モリス『理想の書物』ウィリアム・S・ピータースン編、川端康雄訳、ちくま学芸文庫、2006年
バーバラ・スタフォード『ヴィジュアル・アナロジー』高山宏訳、産業図書、2006年
市川智子『愛と哀しみのル・コルビュジエ』彰国社、2007年
矢代眞己『カリスマ建築家偉人伝──20世紀を動かした12人』彰国社、2007年
住田昌二・西山文庫編『西山卯三の住宅・都市論』日本経済評論社、2007年

Step 5 프레젠테이션

戸井田道三『観阿弥と世阿弥』岩波新書、1969年
橋爪大三郎『はじめての構造主義』講談社現代新書、1988年
ヴァルター・ベンヤミン『ベンヤミン・コレクション 1 近代の意味』浅井健二郎編訳、久保哲司訳、ちくま学芸文庫、1995年
フランソワ・ドッス『構造主義の歴史 上巻』佐山一・清水正訳、国文社、1999年
フランソワ・ドッス『構造主義の歴史 下巻』仲澤紀雄訳、国文社、1999年
谷口武利編『PowerPointのやさしい使い方から学会発表まで』羊土社、2001年
武邑光裕『記憶のゆくたて──デジタル・アーカイヴの文化経済』東京大学出版会、2003年
齋藤孝『人を10分ひきつける話す力』大和書房、2005年
佐々木正人編『アート/表現する身体──アフォーダンスの現場』東京大学出版会、2006年
クロード・レヴィ=ストロース『はるかなる視線(1・2)』三保元訳、みすず書房、2006年
バーバラ・スタフォード『ボディ・クリティシズム──啓蒙時代のアートと医学における見えざるもののイメージ化』高山宏訳、国書刊行会、2006年
齋藤孝『コメント力──「できる人」はここがちがう』ちくま文庫、2007年
ロバート・R・H・アンホルト『理系のための口頭発表術』鈴木炎・イイイン・サンディ・.リー訳、講談社、2008年

저자 이력

와타나베 겐지(渡邊研司)

1961 일본 후쿠오카 출생
1987 일본대학 대학원 졸업
1995 AA스쿨 대학원 건축역사 · 건축론 졸업. AA Graduate Dipoloma
1997 일본문화청예술가 재외파견연수
1998 AA스쿨 대학원 연구과정 수료
2000 동경대학 박사(공학) 취득. DOCOMOMO Japan 부사무국장
현재, 도카이(東海)대학 공학부 건축학과 준교수

저서로는 『DOCOMOMO 모더니즘 건축 100+α』, 『문화유산으로서의 모더니즘 건축 100 카탈로그』, 『세계의 건축, 도시 가이드 2 영국/핀란드/북유럽』 등을 집필했으며, 역서로는 『핀란드 아틀라스 세계의 현대 건축』, 『프랭크 로이드 라이트』, 『렌조 피아노 빌딩 워크숍 작품집 Volume 3』 등이 있다.

옮긴이 이력

서 귀 숙

가톨릭대학교 졸업
홍익대학교 산업미술대학원 졸업
일본 교토공예섬유대학 대학원 졸업 건축학 Ph.D
인타디자인 연구소
동아건설계열 (주)동아실업 인테리어설계실
일본 교토공예섬유대학 조형공학과 건축 Research Associate
현재, 숭실대학교 건축학부 실내건축전공 교수
역 · 저서로는 『수납과 공간구성』, 『디자이너 없는 디자인』 이 있다.

논문은 디자인이다

2012년 2월 22일 1판 1쇄 인쇄
2012년 2월 28일 1판 1쇄 발행

저 자 와타나베 겐지

역 자 서 귀 숙
발 행 인 강 해 작
발 행 처 기 문 당
주 소 서울 성동구 무학봉28길 4-1(왕십리동 966-22)
전 화 02-2295-6171(代)~5
팩 스 02-2296-8188
출판등록 1976. 10. 7(1-44)
홈페이지 http://www.kimoondang.com
http://기문당
I S B N 978-89-6225-393-1 93540

정 가 15,000원